U0112117

大展好書　好書大展
品嘗好書　冠群可期

大展好書　好書大展
品嘗好書·　冠群可期

運動遊戲
17

兒童益智健體遊戲

楊亞琴　編著

大展出版社有限公司

 編者的話

　　快樂的第一需求是身體健康。

　　每一位家長都期望自己的孩子有一個快樂健康的童年。而聰明的家長會在孩子兒童時期培養其良好的生活習慣，包括熱愛體育鍛鍊的好習慣，這樣，孩子將會受益終生。

　　我們經過調研，發現很多家長雖然關心孩子的健康問題，卻對孩子的健康教育不是很得法，這可能主要源於家長這方面教育知識的匱乏，其中就包括對孩子體育鍛鍊方面知識的貧乏。

　　更有甚者，認為這是學校體育老師的事，而這種思想還具有一定的普遍性。應該認識到，忽視少年兒童從小對體育運動的興趣，是不利於孩子的健康成長的，同時，也會使家長錯失與孩子一起共度美好童年時光的良機，畢竟孩子只有一個童年。

　　我們出版此書的目的很簡單，就是希望能幫助家長（或教師）找到與孩子一起快樂運動的教育方式，在生活娛樂中有效地幫助家長輕鬆提高孩子的健康水準，並在玩耍中培養孩子的道德情操和人生價值觀。

4 兒童益智健體遊戲

　　希望家長們能意識到：一個真正會玩的孩子，也是一個善於學習的孩子！

 序

　　少年兒童正處於迅速生長發育時期，體內新陳代謝旺盛，身體各組織、器官的功能，智力和心理的發育都具有很大潛力。因此，積極參加體育鍛鍊，對促進少年兒童身體發育，增強體質，培養道德品質都有良好的促進作用。

積極的運動對少年兒童的健康成長有良好促進作用

對運動系統的影響：

　　體育鍛鍊時人體加速了周身的血液循環，使正處於造骨時期骨組織的血液供應大大改善，使之得到更多的營養物質，促進造骨過程進展加快。運動過程中，骨所承受的壓力，對軟骨板的生長能起到良好的刺激作用，可以促進軟骨板的增長，加速骨的生長。

　　此外，在室外活動，日光照射促進體內維生素 D 的生成，加速了骨的鈣化，使骨質更加堅實。因而，**經常參加體育鍛鍊的少年兒童的身高，一般往往比不進行或較少進行體育鍛鍊的少年兒童更高一些。**

　　運動中，肌肉開放的毛細血管數量達安靜時的 15～30

倍以上，經常參加體育鍛鍊，還能促使肌肉內毛細血管數量增加，肌纖維逐漸變粗、體積增大、彈性增加、肌肉工作的能力及耐力也都相應地得到提高，肌肉重量可達其體重的50%（一般人占體重的35%～40%）。長期的體育鍛鍊，還可以使關節韌帶變得更加堅韌、結實，關節自身也更加靈活、牢固。

對心臟血管系統的影響：

少年兒童積極參加體育鍛鍊，可以促進心臟血管系統的發育，提高其機能水準。運動時，心臟的工作負荷加大，致使心率適當增加，血液流量增大，全身血循環得到改善。在心肌得到鍛鍊，冠狀動脈循環也得到改善的情況下，心肌獲得充足的營養，長此以往就會使心肌發達、心室壁增厚，致使心臟體積增大。

據北京運動醫學研究所調查，參加業餘體育學校訓練一年以上的14～17歲少年運動員，心臟體積增大，心臟的橫徑、寬徑、縱徑都較一般少年大。

對呼吸系統的影響：

當人體在運動時，肌肉活動所產生的二氧化碳，能刺激呼吸中樞，使呼吸加快、加深，以促進二氧化碳的排出及氧氣的吸入。運動時，一般人的呼吸頻率可達40～50次/分（安靜時為12～16次/分），深度為安靜時的5倍，通氣量每分鐘可達70～120升（安靜時為6～8升）。少年兒童經常從事體育鍛鍊，就能促進他們呼吸系統的發育，提高其機能水準。此外，經常參加體育鍛鍊的少年兒童，呼吸系統對各種病菌侵襲的抵抗力明顯增加，上呼吸道疾病大大減少。

對神經系統的影響：

少年兒童積極參加各種體育鍛鍊，可以使他們掌握多種運動技能，改善肌肉工作的協調關係，提高他們從事運動的能力和技術水準，這些都促進了神經系統機能的改善和發展。這是由於在體育鍛鍊中，運動器官的每一動作，都以刺激的形式作用於神經系統，使神經系統的興奮與抑制過程得到增強，神經活動的平衡性與靈活性得到提高，使神經細胞反應迅速、靈活且不易疲勞的結果。

實驗證實，一般人對光、聲刺激的反應潛伏期，約0.3～0.5秒，而乒乓球運動員僅需0.1秒，比一般人快3～5倍。由適當的運動性積極休息，可以把因疲勞而降低的視、聽感受能力提高30%，改善疲勞大腦的工作狀態，恢復精力。因此，運動後人們會感到精神愉快、思維敏捷，可以提高學習和工作效率。此外，睡前適當的放鬆活動，還可以使原來興奮的神經細胞，得到更好的抑制，使人體休息睡眠得更充分。

少年兒童體育鍛鍊的方法

少年兒童時期是生長發育旺盛時期，是學習各種運動技術的最好時期，是發展基礎能力、掌握多種技能的最好時期。**機體是一個統一的整體，各器官系統的生長發育密切相關，科學合理地進行全面身體鍛鍊，將對少年兒童的身心發育起到積極的推動作用。**

根據少年兒童運動系統、神經系統、心血管系統、呼吸系統的發育特點，在體育鍛鍊中應注意以下幾個方面：

1.適當的體育鍛鍊可以促進骨的生長，使身體長高，但少年兒童骨骼承受壓力和肌肉拉力的功能都不及成人，容易發生彎曲變形。因此，運動負荷不可過大，而且要進行對稱性練習，以防止他們的脊柱、胸廓、骨盆及下肢骨變形。

2.少年兒童脊柱生理彎曲較成人小，緩衝作用較差，故不易在堅硬的地面上(水泥、瀝青等)反覆進行跑跳練習。長時期在堅硬地面上練習跑跳，會對下肢骨的骨化點產生過大和頻繁刺激，易引起過早骨化或骺軟骨的損傷，從而影響骨的正常發育。同時要避免過多地從高處向地面跳下的練習，防止造成骨盆發育的變形。

3.要有計劃地發展小肌肉群的力量，促進肌肉的平衡發展。在生長加速期，應多採用縱跳和支撐自身體重等伸展肢體的力量練習，少進行或不進行大負荷的力量練習。

4.少年兒童的骨骼正處於生長旺盛時期，對鈣、磷的需要較多，膳食中應注意供應較充足的鈣、磷，並且安排室外活動。

5.由於少年兒童的骨骼處於生長發育之中，構成關節

的關節面差度較成人大，關節面的軟骨也較軟厚，關節囊及韌帶鬆弛、薄弱、伸展性較大，關節周圍的肌肉細長而薄弱。因而，其關節的靈活性、柔韌性都好於成人，但關節的牢固性和穩定性都不及成人。因此，在體育鍛鍊中，應多進行柔韌性練習，同時應重視發展關節的穩定性，以防關節損傷。

6.少年兒童心血管系統、呼吸系統功能在正常情況下，雖與他們的發育水準相適應，但在劇烈運動中，他們的最大肺通氣量、最大吸氧量都小於成人。因此，要合理安排運動量，強度可以稍大一些，但不一定要求過高過急，密度要小一些，間歇次數要多一些，練習時間不易過長。

同年齡少年兒童中，個子高大的人，心臟負擔量相對較大；性成熟遲緩的人，心臟發育也較遲緩，在安排運動量時，應注意區別對待。

7.少年兒童應避免做過多的屏氣動作。屏氣時，腹腔壓

力升高，使回心血量減少，從而也降低了心輸出量，使心臟本身的血液供應也受到影響。屏氣後，胸、腹腔壓力劇減，導致大量血液湧回心臟，使心臟一時過度充盈，不利於心臟工作。倒立、背橋等動作也不宜多做，做這些動作時，人的頭部朝向地面，心臟也呈一定的倒置狀態，由於血液的重力作用，頭部血液回流心臟困難，心房的血流入心室時也增加了阻力，加重了心臟的負擔。

8.少年兒童應以有氧運動為主要形式，強度不可過大，時間也不要太長，隨年齡的增加，運動強度才可逐漸增加。

9.少年兒童體育鍛鍊時往往出現呼吸與運動不協調的現象，所以，應有意識地加深呼吸，運動時應特別注意深呼氣。

10.注意呼吸道衛生，養成用鼻呼吸的習慣。

11.少年兒童在成長階段，具有適應運動的能力，各年齡階段都可進行力量訓練。但要量力而行，採用的方法和手段要與成人有所區別。少年兒童體育鍛鍊的內容和形式要生動活潑、多樣化，可穿插一些遊戲或小型比賽等，在活動過程中要適當間歇。

12.在身高加速生長期，可多採用伸展肢體、彈跳、支撐自己體重和小負荷的力量練習，這對促進身體發育及增長力量素質有益。但負荷不易過重，時間不易過長。

13.由於少年兒童大腦皮層神經細胞分化尚不完善，神經系統分析綜合能力較成人差，小肌肉群發育遲緩，因此，不易要求他們做過於複雜、精細的技術動作。

14.定期體檢，如人體測量和體表檢查，及時矯正出現

的畸形。

　　本書旨在增強家長、老師對孩子的健身指導常識，在生活中科學引導孩子進行合理、有效的體育鍛鍊，使孩子、大人在娛樂、遊戲中玩出健康好身體。

目　錄

健康的心理加上健全的身體是對幸福一種簡短而全面的描述。
——約翰·洛克

瞭解少兒

心理、生理常識

6～13 歲是人接受正規教育的開始階段，也是人一生成長的關鍵階段。作為教育少年兒童的教師、家長，只有準確地瞭解這個年齡段少年兒童的生理和心理特點，才能夠對他們進行有的放矢的教育，把他們培養成全面發展、健康、快樂的人。

常識一：生理特點與體育鍛鍊的關係

一、生長發育的特點

骨骼與關節

少年兒童的骨硬度小，韌性大，不易完全骨折，但易於發生彎曲和變形。隨著年齡的增長，骨成分會逐漸發生變化，無機鹽增多，水分減少，堅固性增強，韌性減低。而他們這個年齡段正是關節活動範圍大，牢固性較差的時期，因此，在外力作用下較易脫位。

呼吸系統

少年兒童的胸廓較小，呼吸肌力較弱，呼吸較淺，肺活量較小，呼吸頻率快。隨著年齡的增長，呼吸深度增大，頻率逐漸減慢；最大攝氧量與負氧債的能力都較低，女孩比男孩低，無氧代謝和有氧代謝的能力都比成人低；肺通氣量小，每公斤體重的相對值卻較大；運動時主要靠呼吸頻率來加大肺通氣量，呼吸深度增加得很小。

體育活動時，運動量要適當，重複次數不可過多；

避免一側用力過多，造成脊柱彎曲，肢體畸形；

不宜進行強度大的劇烈運動和長跑，應以發展有氧代謝練習為主；

在青春發育期，可適當安排短跑、長跑和球類等運動項目；

掌握深呼吸方法，注意呼吸道衛生，養成用鼻呼吸的習慣。

人體八個系統：運動系統、循環系統、呼吸系統、消化系統、泌尿系統、生殖系統、神經系統和內分泌系統。

肌 肉

少年兒童肌肉中水分多，蛋白質、脂肪和無機鹽少；肌肉細嫩，收縮機能較弱，耐力差，易疲勞。隨著年齡的

表1‧1　中國7～12歲男女少年兒童肺活量中等水平評分標準

單位：毫升

年齡 性別	7歲	8歲	9歲	10歲	11歲	12歲
男	1100～1419	1220～1599	1400～1799	1560～1999	1750～2219	1960～2499
女	985～1299	1100～1439	1250～1599	1400～1839	1600～2279	1800～2299

注：摘自國家科技部社會發展科技司資助項目「八五」國家科技攻關計畫研究課題《中國國民體質監測系統的研究》，國家體育總局科教司、中國國民體質監測系統課題組。

增長，有機物和無機物增多，水分減少。肌肉的重量不斷增加，肌力也相應增強。大塊肌肉比小塊肌肉發育要早；軀幹肌比四肢肌發育快；屈肌比伸肌發育快；上肢肌比下肢肌發育快。

有針對性地發展小肌肉群的力量；

在生長發育的加速期可進行力量練習，如彈跳；

進行伸展肌肉的練習，提高完成動作時的協調性和準確性。

血液循環系統

少年兒童的紅細胞與血紅蛋白含量與成年人相似，淋巴細胞占的百分比相對地比成人高。

心肌纖維較細，彈力纖維分佈較少，心肌的發育不如骨骼肌快，心肌力量相對較弱，心率也較快，同年齡的女孩比男孩心率稍快；血壓較成人低，而同年齡的女孩比男孩稍高。心率隨著年齡的增長而遞減，血壓遞增。

運動強度不要太大，時間不要太長；

不要進行過多的憋氣、緊張性和靜力性練習，以免心臟員擔過重，造成心肌過度疲勞。

神經系統

少年兒童的抑制過程較弱，興奮過程佔優勢。活潑好

動，注意力不集中；動作不協調、不準確，易出現多餘動作，學得快，消退得快，重複得快；分化能力尚不完善，受小肌群發育較遲的影響，掌握精細動作困難；大腦皮質的神經細胞工作能力低，易疲勞，工作持續時間短，但神經過程的靈活性高；神經細胞的物質代謝旺盛，合成作用迅速，疲勞消除較快；兩個信號系統的活動不協調，兒童時期第一信號系統活動占主導地位，主要靠具體實物，直觀形象建立條件反射，模仿性強，而第二信號系統的功能較弱，到了少年時期，第二信號系統進一步發展，抽象思維能力不斷提高。

　　體育活動內容要多樣，生動活潑，多採用小遊戲、小型比賽等；

　　避免單一的靜止性體育活動；

　　注意採用啟發式練習，培養獨立思考能力，以加深對動作的理解；

　　活動期間要多安排簡短的休息，做到既有興趣，又不易疲勞。

兩種信號系統（巴甫洛夫）

　　第一信號系統：凡是以直接作用於各種感官的具體刺激物為信號刺激所建立的條件反射系統，稱為第一信號系統。

　　第二信號系統：以語言為信號刺激所建立的條件反射

系統稱為第二信號系統，為人所獨有。

二、生理特點與運動素質

力 量

不同的年齡段肌肉增長不同，肌肉快速增長期不同。如前臂屈肌在 8～15 歲，腿部彈跳力在 7～14 歲。據日本學者的研究，兒童 7 歲前看不到經由訓練可使力量得到提高的跡象。7 歲後隨著整個身體的生長，肌肉長度開始改變，相對力量有了提高。7～9 歲透過鍛鍊，可以使肌肉的協調性得到改善。

男孩力量增加最快的年齡階段是 11～13 歲，女孩是 10～13 歲。因此，按照少年兒童力量自然增長的趨勢，有針對性地選擇一些遊戲和運動項目是很有必要的。

動力性和靜力性練習結合，以動為主；

力量練習要全面協調發展，全身力量與局部力量練習相結合；

結合耐力訓練，將跳躍運動與小球運動相結合。

力量耐力分為：靜力性力量耐力和動力性力量耐力兩種。靜力性力量耐力是指肌肉長時間做大靜力性收縮的能力；動力性力量耐力是指肌肉以一定的力量儘可能長時間的工作能力。有利於發展力量的項目：跑步、划船、騎

車、足球、登山、游泳、舉重。

 **注意事項**

　　不宜安排專項訓練，最好和其他練習結合起來進行。
如跑步、爬樓梯、跳台階、立定跳遠和其他跳躍練習。

　　不宜進行員荷過大的員重練習和長時間的靜力緊張性
力量練習。

速　度

　　少年兒童的速度素質隨年齡的增長而自然增長，速度
素質快速增長的年齡較其他素質早。據研究，我國少年兒
童速度素質發展最快的年齡是男孩 7～14 歲，女孩 7～12
歲。

 **專家建議**

　　抓住速度發展的快速增長階段，多安排發展速度素質
的練習；

　　多進行提高大腦靈活性的練習，應在 10～12 歲採用高
抬腿跑、下坡跑等方法，保持和發展步頻；

　　多做提高反應能力的練習，如各種球類遊戲、追逐跑
遊戲、聽口令起跑、變換姿勢的跑等；

　　多做發展速度耐力的練習，如往返跑、接力跑、定時
跑和中長距離跑等；

　　發展動作速度，可安排武術套路、體操和跆拳道練
習。

 **小資料**

速度素質是指有機體或機體的某部分在最短時間內快速完成動作的能力。

 **注意事項**

速度練習內容不要太多，時間不要過長，並注意練習後的放鬆和恢復。

耐　力

耐力是指人體長時間進行肌肉工作的能力，也可看做是對抗疲勞的能力。

少年兒童正處在生長發育階段，氧化過程比成人旺盛，耗氧多，但血紅蛋白和肌紅蛋白的含氧量卻比成人少，心肺機能較弱，無氧代謝能力差，負氧債的能力較小。

 **專家建議**

安排相應的速度耐力練習；

發展耐力素質應符合不間斷、持久性原則，運動強度要適宜；

可安排戶外較長時間的走、跑（越野跑與跑道跑交替進行，重複跑與不同距離跑、追逐跑）、跳繩、爬山、游泳、滑冰和球類等運動。

 **小資料**

根據運動中氧能量供應的特點，將體育運動分為「有

氧代謝運動」和「無氧代謝運動」。所謂「有氧」和「無氧」是針對體內氧代謝狀況而言的，其明顯的區別標誌是脈搏跳動和呼吸。「無氧代謝運動」是指強度大，節奏快，運動後脈搏跳動每分鐘 130～150 次以上（個人而異）、氣喘吁吁的劇烈運動，如拳擊、快跑、跳高等；「有氧代謝運動」是指強度適中，節奏較慢，運動後脈搏跳動不過速、呼吸平緩的一般運動，如太極拳、太極劍、廣播體操等。

柔韌性

少年兒童的骨骼和肌肉彈性好，關節活動幅度較大。

從少年兒童階段就開始進行靈敏性和柔韌性練習。提高柔韌性的活動有：擦地板、伸展練習、瑜伽和舞蹈等。

柔韌性是指人體各關節活動的幅度，肌肉和韌度的伸展能力。有利於發展柔韌性的項目：羽毛球、跳舞、體操、柔道、游泳、網球等。

柔韌性練習要柔和、連續、慢而平緩，不要突然用力；放鬆、沒有疼痛感；遵守循序漸進、全面性和對稱性原則。

常識二：根據心理特點設計體育鍛鍊 的目標

體育是一種教育，一種精神修養， 一種人生態度。

6～8歲孩子的注意力很容易分散，記憶一般以機械記憶為主；9～13歲逐步向理解記憶力發展，以具體形象思維為主。少年兒童情感表現明顯，既熱情、又重感情，喜、怒、哀、樂很容易表現出來；獨立性和主動性、堅持性差，常依靠外部影響來完成某一活動。

體育運動能增強少年兒童的安全感和獨立性，緩解緊張；有助於形成友誼、聲望和領導地位，提高對自身價值的認識；增強自尊心和自信心。

下面主要介紹提高少年兒童的感覺、知覺和空間感、思維的體育活動。有關其他心理作用的活動請參考其他章節，這裏不再舉例。

感覺、知覺和空間感

少年兒童的空間知覺正在發展中，常常不能在比較長的時間內，持續地去感知和觀察某一事物。如果沒有機體多種感覺的心理適應能力，少年兒童就很難應付體育活動的多樣性、變化性和競爭性，更談不上針對臨場上的活動

變化而採取準確、多變的行動方式。不少少年兒童由於缺乏這種感覺適應能力，因而影響了他們的自信心和爭取好成績的願望，甚至不想再參加體育活動，有的產生厭惡感甚至放棄。

 **專家建議**

不能單一地重複某一動作或練習；

看、聽、說、想、做相結合；

變換練習方式，採用多種練習方法。

**項目策劃**

【高向低跳】

鍛鍊價值：體會高、低變換，分辨空間距離。

場地器材：在戶外找一地面平坦、有台階的場地。

參加對象：6～13歲孩子及其父母。

練習方法：（1）併腿跳下。保護人站在體側，等下落時雙手扶其腹部、腰背部；

（2）根據實際情況，做分腿跳。

落地屈膝緩衝

【圖形走或跑】

鍛鍊價值：體會在不同圖形練習時，身體姿勢的變換。

場地器材：在地上畫如右圖的三個形狀。

參加對象：6～13歲孩子及其父母。

練習方法：（1）根據圖形，讓孩子說出圖形的形狀；

（2）根據圖形做練習，提示可做走、跑、跳；

（3）依次走或跑完三個圖形。

思　維

少年兒童以具體形象思維為主要形式。隨著年齡的增長，逐步向以抽象思維、抽象邏輯思維為主導的方向發展，其抽象邏輯思維的發展同語言的發展密切相關。

年幼時，思維的廣闊性和深刻性不夠，隨著年齡的增長，知識經驗的積累，思維的廣闊性和深刻性也逐漸得到提高；思考問題時常常不考慮條件的變化，常以舊經驗來解答新問題。這與少年兒童知識經驗狹窄，不善於根據客觀情況變化獨立思考有關。

隨著年級的增高，知識經驗的豐富和擴大，第二信號系統的發展，到了高年級這種思維的惰性才逐漸減少；低年級時思維的獨立性與批判性較差的表現尤為明顯，常常不能根據客觀情況的變化，分析和判斷事物，而是以成長的言語作為衡量事物對錯的標準。

 專家建議

　　最好不要強迫他們去參加體育活動，要鼓勵少年兒童參加體育活動，讓他們有自由玩的時間，自己玩的遊戲和體育活動，讓他們在體育活動中去探索。要注意培養他們的意志力，不要「三天打魚，兩天曬網」。

 項目策劃

【擊毽子】

　　鍛鍊價值：發展思維，提高關節的靈活性。

　　場地器材：毽子 1 個和木板球拍 1 把（乒乓球拍也可）。

　　參加對象：6～13 歲孩子及其父母。

　　練習方法：在 1 分鐘內完成向上擊毽、繞膝擊毽、轉圈擊毽……必須將動作做正確，而且在規定的時間內完成。要求毽子不能落地。

【鬥智鬥勇】

鍛鍊價值：發展思維。

場地器材：直徑 2 公尺寬的圓 1 個。

參加對象：6～13 歲孩子及其父母。

練習方法：兩人一組，單腳支撐，另一腿屈膝，兩人看誰把誰推到圓外。

用愛的微笑面對孩子，用愛的語言激勵孩子，用愛的渴望挑動孩子，用愛的細節鼓勵孩子，用愛的管教約束孩子，用愛的胸懷包容孩子，用愛的機會還給孩子……

—— 「知心姐姐」盧勤

人剛生下來時都一樣，僅僅由於環境，特別是幼小時期所處的環境不同，有的人可能成為天才或英才，有的人則變成了凡夫俗子甚至蠢才。即使是普通的孩子，只要教育得法，也會成為不平凡的人。

——愛爾維修

家庭體育教育

對孩子成長至關重要

須知一：家庭體育教育會影響孩子一生

播下一個行動，你將收穫一種習慣；

播下一種習慣，你將收穫一種性格；

播下一種性格，你將收穫一種命運。

——孫雲曉

家庭是孩子生活的第一環境，對孩子的健康成長起著極為重要的作用。在如今日趨激烈的競爭環境下，家長更加重視發展智力、把握學習，而把體育教育放在較為次要的位置上。

然而，由於父母施加的壓力過大造成半途而廢的天才不是少數。即使是成名，他們在小的時候，受到過父母的極度催逼，也會在其身心上留下終身的創傷。可以說，好的家庭教育往往可以影響人的一生，家長不僅應對孩子所接受的教育負責，而且應對孩子的一生負責。

蘇頌興研究員於 2003 年夏天在上海主持了一項主題為「青少年對生活的觀感」的抽樣調查。這份問卷要求被調查者選出「一生中最值得珍惜的人」。在 17 個選項中，列第一位的是「母親」（33.4%），而「父親」緊隨其後（25.8%）。而當被問到「最值得珍惜的東西是什麼」時，被調查者首選「親情」（45%）。也就是說，父母是孩子最為看重的人，因而，孩子極為在意父母對自己的態度和評價，父母的一褒一貶都舉足輕重，直接影響著孩子的情緒。

他還認為，在西方，孩子們的傾訴對象是同齡人，而在中國，孩子們的傾訴對象最主要的是自己的父母，特別是獨生子女家庭。然而，現在都市中，家長會盡最大的努力來滿足孩子的物質需要，卻忽視了另一種同等重要的需要——精神上的交流和溝通，特別是當今快節奏的生活留給父母與孩子交流的時間越來越少。

有人說，天下人，本事再大，也不敢輕視孩子，人不可能永遠活著，娃娃問題才是格外重要的問題。中國直排輪運動員楊揚，七歲開始練習滑冰。她的父母開始並不是很同意她參加直排輪運動。她的教練王春堯三次去楊揚家，第三次專門邀請楊揚的媽媽看女兒比賽。當媽媽親眼看到自己的女兒在銀色的冰面上飛馳，並且把一個個對手甩在後面，她被女兒身上所迸發出的巨大能量所深深感動。最後，她同意女兒去練習滑冰，從此讓自己的女兒走上了一條不同凡響的冠軍之路。

貪玩是孩子的天性，但是在玩的過程當中也可以尋找教育孩子的機會。

父母在與孩子一起進行球類、棋類、游泳等比賽時，當孩子快要失去信心時故意放他一馬；當他開始得意時，毫不手軟地擊敗他，讓孩子從中體會到勝利和失敗的滋味，這對他的教育和影響可能更為深刻和直接。如果父母單純去滿足孩子的高興，孩子會認為勝利來得非常容易；反過來，如果老是讓孩子失敗，孩子就會失去競爭意識，甚至自信心。所以，運動是教育孩子的有效途徑，而且由運動訓練孩子的品質可能是體育的最大價值。

家庭體育是學校體育的補充，是解決孩子未來生存問

題的最佳方法之一。父母與孩子共同參加體育活動容易讓孩子養成鍛鍊的習慣。如果家長加強體育活動，那麼孩子也會這樣。

對於孩子來說，能夠與家人一起進行體育活動是一件非常開心的事情，容易使家人關係更為密切，加深孩子對家長的瞭解，使孩子感受到父母對他的關愛。

好多孩子都不願意在別人面前丟面子，他們會將許多在學校不會做的體育活動或讓他丟面子的事情帶回家，借助父母的幫助得到提高。如果父母能夠幫助孩子提高一些技能，那孩子就會非常高興，而且可能會越做越好。

須知二：準確地理解孩子的一切信號

只重視孩子的智力因素，不重視孩子非智力因素，孩子可能會成為一個發展不平衡的人。因此，瞭解孩子、知道孩子的願望——信號，給孩子嘗試新活動是父母的職責。

青春期以前的孩子多數是以自我為中心，他們相信自己，他們要對所做的事情負責任。如果錯過一個目標或造成全隊的失敗，他們會認為自己有過錯（有責任），因此，會強烈地要求討好大人或教練。

一個好的、關心孩子的父母會觀察孩子痛苦的信號，如孩子難以入睡或吃不好、專心於一個活動，不做其他事情或悶悶不樂，父母就要採取較為輕鬆的方式讓孩子度過他的轉捩點。

父母花費時間與孩子在一起是任何事情都無法替代

的。為了準確地理解孩子的信號，父母要做孩子想做的事情，鼓勵與分享孩子的快樂。當父母能夠準確地理解孩子的信號時，孩子就會感到大人理解他，他是有價值的人。而且父母要隨時問自己，「這個活動在這個時間對孩子有好處嗎？」「他們喜歡嗎？」「他們喜歡參加嗎？」

　　孩子經歷的活動越多，他們就會多次經受沉浮、勝利和失敗。作為家長，幫助他們找到興趣領域的榜樣是非常重要的。如果孩子不能參與競爭或不喜歡參加成隊的比賽，家長要幫助孩子找到一個發揮作用的其他角色，如管理人員或啦啦隊長。記住，與孩子相處的最佳方法是從正面施加壓力。

　　不能用成人的眼光去看。要求孩子做任何一件事，堅持下來，這是最重要的。要有平常心，也許孩子會發展得更好。

須知三：讓孩子快樂地運動

> 教育是什麼，往單方面講，只需一句話，
> 就是要養成良好的習慣。
>
> ——葉聖陶

　　當今社會，各種培訓班應有盡有。有些家長不管孩子願意不願意，硬性地將孩子送到培訓班去學習，一味地去實現自己給孩子設計的前程。有些家長望子成龍心切，在孩子很小時就強迫孩子參加專項訓練，以期孩子成為體育明星，而不瞭解這種做法有損孩子的身心健康。

　　對於處在生長發育階段的孩子，不要一味追求運動強度，而要根據孩子的興趣和需要選擇孩子喜歡的、有條件的，並且能堅持下去的運動。

　　有些父母不瞭解孩子的真實感受，只憑自己對某項運動的喜愛，並將其強加給孩子。不惜花費很多時間陪孩子進行訓練，觀察孩子的訓練情況，從教練施加給孩子的壓力來判斷教練、判斷孩子的反應，迫切希望孩子成功，而不考慮他人的感覺。

　　通常是，家長和教練為了尋求成功，忽略了孩子的成長規律，讓孩子早出成績，過早地做成人夢。

　　當他們看到孩子取得進步、能力得到提高時就非常高興。但孩子成績稍一下降，就表現出不滿意，甚至用粗暴的語言罵孩子。由於父母用不恰當的方法給孩子施加壓力，結果是孩子選擇放棄這項運動，因為他們害怕達不到

父母或教練對他的期望值。

　　那麼，父母是否考慮了孩子有無這方面潛能。對於一個沒有潛能的孩子，就不能用培養優秀運動員的方式去對待。另外，過早地進行專項訓練對孩子是沒有好處的。只有培養孩子多方面的運動能力，才能讓孩子的運動能力可持續發展。

　　不要揠苗助長；

　　安排的體育鍛鍊項目要由簡到繁，不要使兒童產生畏難情緒。不要妄想「一口吃成個胖子」，要知道「欲速則不達」，揠苗助長只能產生副作用，引起過度疲勞和運動損傷；

　　做適合孩子年齡段的運動，幫助孩子發現他最喜歡的運動項目。根據孩子的身體狀況和年齡特點，合理安排運動量。

　　嚴格規定作息時間，利用生理節奏規律，使孩子在大腦皮質中逐步建立固定的體育鍛鍊興奮灶，儘量要求孩子每天在同一時間休息，在同一時間起床，在同一時間進行體育鍛鍊。不管是烈日炎炎的夏天，還是寒風刺骨的冬天，不管是節假日，還是在寒暑假，都不改變孩子的生活規律，形成有利於孩子健康的「生物鐘」。這樣，天長日久，鍛鍊習慣就會逐漸形成。

別讓孩子過早地做成人夢！

☆將跑、跳、投擲、體操和遊戲結合起來練習，體會運動的樂趣，品嘗運動的甜頭。

☆利用體育明星的作用。孩子對體育明星，如武術高手、足球名將、籃球巨星、拳壇怪傑等都十分欽佩，渴望學點專門的體育技術。家長可帶孩子觀看明星參加的比賽，鼓勵孩子模仿明星的動作。

☆興趣引導。興趣是最好的老師，孩子對體育活動有了興趣，自然就能積極主動地堅持鍛鍊，收到較好的鍛鍊效果。

☆注重遊戲的作用。前蘇聯教育專家阿爾金說，遊戲是兒童的心理維生素。如果父母能夠積極參加孩子的遊戲，就可以培養孩子的自尊，改善與父母的關係。遊戲是孩子玩的一部分，遊戲擺脫了工作和正規學習的緊張和壓力。在遊戲中孩子感受的是積極的情感，伴隨著歡笑的面部表情，反映的是與滿足、宣洩、盡情、輕鬆等有關的內心體驗。不管教授孩子什麼樣的體育活動，首先必須努力喚起孩子的興趣。只有當孩子有了興趣時，才能達到事半功倍的良好效果。生動有趣的體育遊戲是培養孩子良好體育鍛鍊習慣的有效方法之一。

☆發展生存技能。走、跑、跳、投、游泳等運動是孩子生存所需的最基本的能力。

須知四：用自己的實際行動帶動孩子 進行體育鍛鍊

　　身教重於言教，離開自己良好的行為，
再動人的語言也是蒼白無力的。

　　父母應該使體育活動成為全家每天生活的一部分，鼓勵孩子將體育活動變為每天的生活習慣，將體育活動變為一天中最為盼望的事情。通常，孩子喜歡模仿大人的行為，大人帶頭鍛鍊，同孩子進行比賽，很容易引起孩子的興趣，容易讓孩子養成鍛鍊習慣。相反，如果家長一年四季足不出戶，或像「工頭」一樣一邊監督孩子，一邊吆喝孩子，時間一長，孩子就會產生逆反心理，而把體育鍛鍊看成是負擔和懲罰。

　　在我國，多數家長的業餘時間在週六、週日，只有這兩天，家長與孩子才能呆的時間長一些。家長和孩子一定要防止週末睡懶覺，或呆在家裏休息的誘惑，要利用週六、週日全家到戶外做一些體育活動。

　　將體育活動一覽表貼在冰箱上或其他容易看到的位置，全家按照規定去完成，互相檢查。

　　☆每天鍛鍊 30 分鐘或 1 小時，如騎自行車、散步、遛狗、打籃球、踢足球、游泳、跑步和跳繩。

　　●孩子有體育課的那天運動量要小或暫停運動。

☆用做家務代替做運動。帶領孩子一起擦桌椅、拖地板、整理家務、養花和鋤草；去郵局時，騎自行車，不要開車；去購物時，上下樓梯，不乘電梯。

● 靜力性的運動不利於孩子的成長，要讓孩子多進行動力性的運動。

☆節假日帶孩子到郊外去鍛鍊，如爬山、旅遊。

注意事項

鍛鍊初期，可選擇全家人都喜歡的運動，定期進行練習，每次練習時間不要超過 30～45 分鐘，如創造性活動、耐久力活動。

專家建議

健身專家建議，家庭體育活動要選取那些孩子擅長和喜歡的運動。一定要迫使孩子進行一些體育活動，並且鼓勵他們進行不同的體育活動，這主要是由於孩子更容易趨向於做他本人喜歡的一項運動。

項目策劃

【小小保鈴球】

鍛鍊價值：提高協調性和準確性；發展上肢力量，提高手眼配合的能力。

場地器材：內裝少許水的塑膠礦泉水瓶 6 個、皮球 1 個。

參加對象：6～13 歲孩子及其父母。

練習方法：在場地上將 6 個瓶子擺成三角形，爸爸、

媽媽、孩子分別站在距瓶子 3 公尺或 5 公尺的起點線後。遊戲開始，三人交替持皮球模仿打保齡球的動作，對準瓶子，用力將皮球沿地面滾出。擊倒一個瓶子得 1 分，看誰打得準，得分多。遊戲重複進行。

【跳到月球上去】

鍛鍊價值：培養孩子的想像力。

參加對象：6～10 歲孩子及其父母。

練習方法：讓孩子根據神話或傳說中的故事情節，去扮演騎士或英雄，或者模仿小鳥飛翔，父母千萬不要去阻止或嘲笑他們，因為這正是孩子想像力的表現。

【三人奪球】

鍛鍊價值：提高競爭力。

場地器材：小球 1 個。

參加對象：6～13 歲孩子及其父母。

練習方法：一人當裁判，其餘人聽到「開始」口令後，開始搶球，看誰先搶到。

【接力跑】

鍛鍊價值：提高競爭力、團結協作精神。

場地器材：接力棒1個，每棒間距離 50 公尺，共3棒。

參加對象：6～13 歲孩子及其父母。

練習方法：一人從起點向前跑，另兩人在另外兩點等著接棒，第三棒直接跑到終點。

 專家建議

家庭體育活動介紹

・伸展運動，提高身體姿態、柔韌性和平衡能力。

・桌椅力量練習。

・走到任何地方…學校、商店、公園、會朋友，不要開車去。

・每天用不同方式進行運動，如跑步、游泳、騎自行車等。

・學一些「酷」素材，如霹靂舞，提高全家運動興趣。

快樂的第一需求是身體健康，我們對身體健康的理解是達到並保持身體與健全的思想相統一，充沛的自然運動能力，愉快並從容地完成日常生活中繁多的任務。

——普拉提

一分嚴格之水，要加九分感情之蜜，才能變成甘露。

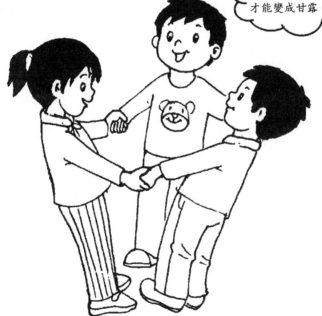

遊戲是孩子

走向成熟的催化劑

須知一：一個真正會玩的孩子，也是一個善於學習的孩子

　　遊戲論之父豪伊金格認為：「遊戲是在明確規定的時間、空間裏進行的行為或者活動。它是按照自發接受的規則來進行的。這種規則一旦被接受就具有絕對的約束力。遊戲的目的就在於遊戲行為本身。它伴有緊張和喜悅的感覺。

　　玩，是孩子聰明的源泉，是孩子走向成熟的催化劑。在孩子的世界裏，學習和玩耍同等重要。實際上，玩是孩子的另一種學習，玩出來的興趣與好奇心正是孩子學習的強大動力。家長不能堵，不能一味限制，只能疏導，要引導孩子玩，使它湧出更多的聰明、智慧來。但要適當控制，使孩子不至於貪玩而傷身、損物、忘形。

　　玩是孩子在閒暇時間的主要活動之一。教孩子會玩是開發孩子智力，培養孩子能力的重要途徑。

　　兒童心理學研究表明：孩子在玩的時候，大腦敏銳度最高，對知識特別容易接受。許多時候，孩子正是在玩中增長了知識，訓練了記憶力、想像力和觀察力，培養了交往能力、創造能力。

　　家長不僅要支持孩子玩，還要盡可能地陪孩子玩。只有在「陪玩」中，才能對孩子進行正確引導，才能讓孩子玩出水準、智慧、興趣、求知欲。從某種意義上講，家長「陪玩」勝過「陪讀」。

　　遊戲能夠「寓教於樂，在愉快活動中求發展」。正如

佛洛德所說，遊戲是受快樂原則支配的，所以，遊戲往往給人一種積極的情感體驗，如成功感、自信心和自尊心。遊戲的假想情景也為少年兒童營造了一個安全的心理氛圍，有助於排除消極情緒，起到心理保健作用。

少年兒童期正是處於自然人向社會人轉變的重要時期，他們要不斷地學會應付所面臨的現實社會生活，包括學習社會所必需的生活知識，學習理解人與人之間的關係即人際關係、遵守社會規範準則與行為方式等，這一切都可以在體育遊戲中得到實踐。例如，孩子可由在體育遊戲中的角色扮演，學習社會角色，掌握社會行為規範。而角色扮演、動作模仿正是一種社會角色的學習過程，這便於孩子更好地理解和掌握現實的人際關係。

遊戲不僅能幫助發展孩子的探索精神，提高人際交往能力，而且還可以幫助孩子開發更微妙的口頭表達能力和邏輯技巧。

體育遊戲的規則可以幫助孩子逐步擺脫自我中心，樹立集體和群體意識，學會運用規則來協調關係，形成一定的自我意識。學會從他人的立場看自己，意識到自己和他人的關係，意識到自己在相互關係中的位置，逐步擺脫自我中心。

玩的過程中必然有其他小朋友的參與，他們有可能因為玩而變得團結協作，與人為善，互相幫助，誠實待人；但是，如果不加選擇地讓孩子們在一起玩，也有可能使孩子染上狡猾、說謊、嫉妒、憎恨、傲慢、說壞話、爭吵、

打架、誹謗、挑撥等壞毛病。

 小資料

經驗介紹

13 歲考入中國科技大學少年班，20 歲就「玩」成留美博士的周峰說得好：「我的小學時代只有 2 年，中學時代也不過 4 年。與其說那時我懂得努力學習，倒不如說興趣和好奇心是我知識的萌芽，是好奇心和專心幫助我抓住了那似水年華。」而他的興趣就是「玩」出來的。父母殺雞剖魚，他就蹲在地上看。閒著沒事，用酒精醉螞蟻，在牆上掏蜜蜂，游泳，跑步，「躲貓貓」，晚上把自己關在房間裏拆卸收音機……一次，他爬進大衣櫥，關上櫥門，裏面一片漆黑，櫥門上的一個小孔透著亮光，他從小孔向外看，發現外面所有的人都是頭足倒立，頓時像哥倫布發現新大陸一樣高興。爸爸告訴他這是「小孔成像」的道理，周峰好奇極了，對物理產生了極大興趣，上中學後，物理學得特別出色……

項目策劃

【排隊比賽】

鍛鍊價值：養成排隊的好習慣。

參加對象：8～13 歲孩子及其父母。

練習方法：一人喊按「大小個」排成一路縱

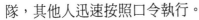

隊，其他人迅速按照口令執行。

【青蛙跳】

鍛鍊價值：增強下肢力量；提高識別方向的能力。

參加對象：6～13 歲孩子及其父母。

練習方法：每人假裝成青蛙做青蛙跳。輪流喊不同的跳的方法和方向——前面、側面、後面、跳躍擊掌、跳向目標線等，同時學「青蛙」叫。

【接力賽】

鍛鍊價值：提高跑的能力和競爭意識；培養勇於爭先的精神。

場地器材：畫一起跑線，跑的距離為 25～30 公尺。

參加對象：6～13 歲孩子及其父母。

練習方法：將參加者分成人數相等的兩組或更多組。聽到「開始」口令後，從起點線跑到前方繞標誌物返回，擊後面人的手掌（可採取跑、運球、跳躍、側手翻等方式進行練習）。

【跟我做】

鍛鍊價值：提高想像力。

參加對象：6～9 歲孩子及其父母。

練習方法：一人在中間，做自己能夠想出的動作，四周人模仿他的動作。

須知二：在遊戲中選擇朋友、處理與同伴的矛盾

有時候，小朋友之間的影響要比老師和父母的影響大。

——費孝通

　　體育遊戲是少年兒童進入社會交往的起點。進行體育遊戲就必然有同伴間的相互交流，少年兒童既要表達自己的意願、主張和態度，又要理解他人的意願、主張和態度，並做出回應，這類交往出現在各種競爭與合作性的遊戲中。

　　當今社會，獨單元、獨門獨戶將人與人之間的距離拉遠，信任度降低。許多家長為了不讓孩子出問題，禁止孩子與非正式群體認識的朋友一起玩耍。然而，這種簡單地禁止孩子與夥伴的交往，恰恰關閉了孩子之間相互學習的大門，反而影響孩子的身心健康，延緩孩子社會化的進程。因為孩子在非正式群體的夥伴交往中，可以傾訴不便在老師、正式群體夥伴中訴說的心中秘密，充分享受在一般場合難以享受到的自由、平等，滿足在正式群體夥伴中無法滿足的慾望。

　　生活在社會中的每一個人，都有與人交往、渴求友誼的願望，尤其是迫切需要認識社會的孩子，合群交往的願望更強烈。而在認識水準相近、語言相仿、興奮點相同的同齡群體中，更易「心心相印」「意氣相投」，這是正常

孩子身心發展的需求。家長應該看到，夥伴交往是影響孩子社會化過程的最重要因素。孩子在一般夥伴交往中，逐步理解道德行為規範、價值觀念，學會認識他人、評價自己，逐步形成自己的意識傾向。

體育是孩子交往的場所，它使孩子有更多的機會得到正確處理人際關係的培養和鍛鍊。家長要啟發孩子領會玩的價值，把玩與道德培養、情感陶冶交融在一起。讓孩子在玩中學習合作和溝通，即「心中有他人」「為他人考慮」；在小夥伴的碰撞中，讓孩子自我認識，懂得社會規範，學會解決矛盾，逐步健全人格。

項目策劃

【丟手絹】

鍛鍊價值：提高選擇朋友的能力。

場地器材：手絹1塊。

參加對象：6～9歲孩子及其父母。

練習方法：大家圍成一圈坐在地上，齊唱「丟手絹，丟手絹，輕輕地放在小朋友的後面，大家不要告訴他……」

另一人，拿著手絹圍著大家走，突然將手絹放在一人的身後，被放手絹的人，迅速撿起手絹追趕放手絹的人。如果放手絹的人被抓著，就要給大家表演節目；如果沒有被抓著，抓的人表演節目，然後兩人互換。

【挑選同伴】

鍛鍊價值：發展彈跳力；提高大腦轉換能力和選擇朋友的能力。

參加對象：6～13 歲孩子及其父母。

練習方法：三人面對面站立，大家同時喊「包子」「剪子」「錘」，聽到「錘」時，三人雙腳向上跳，落地時成「包子」「剪子」或「錘」。誰做對誰勝，誰就先選擇同伴，依次進行，直到選完同伴。

 小資料

他人觀點：

發展心理學家 Maureen Weiss 和她的同事為了研究體育中的朋友和同伴關係，他們與 38 個 8～16 歲的體育運動者

進行了深談，目的是瞭解他們是如何看待體育中的朋友關係組成（Weiss, Smith & Theeboom, 1996）的，得到的正反兩方面的動機如下：

正面動機

· 友誼（花費時間或一起「閒蕩」）。

· 愉快地玩的組織（喜歡圍一個朋友）。

· 提高自尊心（朋友，講事情或採取提高自尊心的活動）。

· 幫助和指導（提高與學習體育技能有關的幫助和其他領域的幫助，例如學校）。

· 遵守規則行為（說和做與社會傳統一致的事情，例如分享和不說起副作用的事情）。

· 親密（相互感情親密，個人團體）。

· 忠誠（一個人對另一個人的行為）。

· 共同的事情（分享興趣）。

· 吸引他人的人品（正特徵，例如人格或體育特徵）。

· 感情支持（相互問候和關心）。

· 避免衝突（朋友之間不吵架、戰鬥或不同意）。

· 衝突解決（其他朋友能夠解決衝突）。

負面動機

· 衝突（語言侮辱、爭論、反對）。

· 沒有吸引人的人品（自我為中心）。

· 背叛（對朋友不忠誠或不關心）。

· 不可接近（缺少相互作用的機會）。

須知三：遊戲不是真實生活的再現

體育是一種教育，一種精神修養，
一種人生態度。

　　遊戲是根據孩子需要設計的，有時遊戲可讓孩子體驗真實生活，有時則不是。在與孩子進行遊戲時，多數父母都會假裝輸給孩子，讓孩子獲得勝利的喜悅。但是，時間長久後，容易讓孩子產生驕傲情緒，產生老讓別人讓著他的想法，甚至在與別的朋友或同學做遊戲時，贏得起，輸不起，引起衝突。

　　參加遊戲的每個孩子都希望自己能夠獲勝，來滿足個人心理需要，那麼在比賽中他就要採取一些策略來想辦法取勝。有些孩子難免因為非常想贏得勝利，產生一些不正常的想法和動作，如同伴投籃時，把同伴拽一下；同伴將要射門時，從背後不擇手段地鏟同伴。冬天打雪仗時，將雪塞向別人的頸部，或趁同伴不注意的時候，襲擊對方。老師、父母知道類似事件後，要立即制止這種行為，並且告訴孩子不應該這樣做的原因。

　　角色遊戲有利於孩子區分好壞。但有的孩子因為扮演英雄，則趾高氣揚，欺負扮演壞人的同伴，裝出天下我就是老大，充當「小霸王」。好人勝利，壞人失敗的遊戲，容易使孩子產生演壞人的夥伴是壞人，而且始終認為他就應該輸等思想；他本人輸時，心裏就非常不舒服，甚至出現摔東西、瞪眼睛的事情，誰都勸不動。

因此，在做這類遊戲時，老師、家長一定要告訴孩子遊戲不是真實生活的再現。

 項目策劃

【打大灰狼】

鍛鍊價值：瞭解遊戲的意義。

場地器材：相距 5～7 公尺的投擲線，小沙包 1 個。

參加對象：6～9 歲孩子及其父母。

練習方法：兩排孩子面對面站在投擲線上。一人扮成大灰狼，在中間跑動，兩邊的人用沙包擊打大灰狼，看誰砸中大灰狼。

我擊中大灰狼了。

【判斷「是與非」】

鍛鍊價值：提高孩子分辨好壞的能力。

場地器材：體育錄影帶和 VCD 或 DVD 1 個。

參加對象：6～13 歲孩子及其父母。

練習方法：播放體育錄影，裏面有精彩的體育比賽，

同時有不文明的動作或有球迷鬧事的畫面。父母或老師給孩子或學生講解什麼行為好，什麼行為不好。

須知四：在體育遊戲中體驗人生

體育遊戲多種多樣，每個遊戲體現的意義也不一樣。如果能夠讓孩子參加適應自然的體育活動、競爭性很強的遊戲、提高意志品質的遊戲、富有情感的遊戲、發展想像力的遊戲、發展思維能力的遊戲、提高觀察力和記憶力的遊戲、發展時空感的遊戲等，就可使孩子在遊戲中得到多種體驗。

【看誰說出、做出的動作多】

鍛鍊價值：提高反應能力和對動作的理解力。

參加對象：6～13 歲孩子及其父母。

練習方法：背靠背。一人喊「向前跑（或後跑、踢腿、側跳）」，另一人做這個動作 1 次，五個動作後兩人交換，最後看誰說出的動作多、做出的動作多，多者為勝方。

【氣球自由飛】

鍛鍊價值：提高識別目標和目測能力。

場地器材：家裏或庭院，氣球 1 個。

參加對象：9～13 歲孩子及其父母。

練習方法：將氣球固定在一點，讓其在

空中飛,用乒乓球拍或手擊氣球,看誰擊得著。

【抓尾巴】

鍛鍊價值:提高識別方向和隨機應變的能力。

場地器材:室外,畫直徑 2 公尺的圓,每人皮帶上掛 1 條毛巾。

參加對象:6～13 歲孩子及其父母。

練習方法:比賽的兩人站在圓圈內,後腰褲帶上繫毛巾當尾巴。遊戲開始後,雙方想辦法把對方尾巴抓下來,或迫使對方踩到圓圈即為勝。

【「走、跑、跳」】

鍛鍊價值:提高動作轉換能力和靈敏性。

場地器材:畫一直線,在直線上畫四點,四點距離不等。

參加對象:6～13 歲孩子及其父母。

練習方法:在平地上建 4～10 個站,每站之間的距離、練習內容根據需要決定(如走、跑、跳、跳繩)。

【夾沙包跳遠】

　　鍛鍊價值：發展腿部、腹部的力量；提高協調性和空間感。

　　場地器材：在地上畫一條 2 公尺長的直線，準備 1 個小沙包。

　　參加對象：9～13 歲孩子及其父母。

　　練習方法：一人連續夾跳三次，在最遠的一處做一個記號；然後其他人依次夾跳，最後看誰跳得遠。

【跨步跳摸人】

　　鍛鍊價值：發展腿部力量和平衡能力；提高跨跳能力。

　　場地器材：室外，在地上畫一條 1 公尺長的起跳線。

　　參加對象：6～13 歲孩子及其父母。

　　練習方法：兩人猜拳，勝者從起跳線向前跨跳兩步，最後一腳落地時成單腳站立；輸者從起跳線向前跨跳一步，最後一步落地成單腳站立，然後伸手去摸勝者。如果

沒有摸到,勝者再用同樣步數跳回起跳線,算勝者取勝一次。第二次開始時,每人的步數比前一次增加一步。然後,勝者與輸者換位。

競賽規則:勝者單腳站立失去平衡或被對方摸到,或向回跨跳時未跳回起跳線,都為失敗。

【跳房踢包】

鍛鍊價值:發展腿部力量;提高協調性和目測能力。

場地器材:畫一長方形場地,並分成若干小方格,準備1個小沙包。

參加對象:9~12歲孩子及其父母。

練習方法:持一沙包,先投向第一方格內,然後單腳跳入第一方格,用支撐腳將沙包依次踢入第二方格、第三

沙包壓線、沙包一次沒有踢到下一個方格內、腳踩線都算失敗。

方格……（在一個格內可連續跳動）一直踢到最後一方格為勝一次，得一分。每人做一次，最後得分多者為勝。如果為平局，下一次踢時，從上次失敗的方格開始，然後用單腳跳的辦法，從第一方格依次跳到放沙包的方格內，進行踢包。

【投紙團比遠、比快】

鍛鍊價值：提高投擲能力和競爭能力。

場地器材：至少能夠跑 30 公尺長的空地。畫一起點線，在結束地方畫一終點線。

參加對象：6～9 歲孩子及其父母。

練習方法：手持紙團一人喊「開始」，然後，所有人原地向前擲紙團，扔後迅速向前跑，接著撿起紙團再向前擲，看誰先到終點。

練習結束後，要把紙團撿起。

南北朝時期顏之推的家庭教育思想

他要求子弟要學習一技之長，以自立為本。他說，「人生在世，會當有業」。無論從事什麼職業，都要有專門的技能，才能自立於社會，他告誡後代說，「父兄不可長依，鄉園不可常保」，「積財千萬，不如薄技在身」。學有一技之長，才能隨時隨地自立於社會。

體育是培養學生品格的良好場所。體育可以批評錯誤，鼓勵高尚，陶冶情操，激勵品質。
——馬約翰（1926）

體育教育中

避免傷害孩子

方法一：掌握批評與表揚的尺度

「為人師表、言傳身教」——

古人有「以身立教」的說法，指出：「其身正，不令而行；其身不正，雖令不從」，在使用批評和表揚的教育方法時，特別是對孩子進行批評時，只有「以身立教」才能使孩子信服，收到良好的效果。

體育活動是通過自身的身體活動來進行的。孩子在體育活動中的道德行為、組織紀律、集體主義精神、克服困難的態度、進取與拼搏精神，以及興趣、愛好、性格等心理狀態與特徵都能極其充分地表現出來，為有的放矢地運用批評和表揚提供了有利條件。如果能夠正確地加以運用，不僅對激發孩子學習積極性具有十分重要的意義，而且對培養和發展孩子的品格更有價值。

對孩子進行批評教育是一種心理上的刺激和震動，是對其不良意識和錯誤行為的衝撞，目的是喚起孩子對自己不良行為的警覺，促使自己反思既往、中止不良行為，向著正確方向前進。作為老師、家長，對孩子的輸贏要有一個正確的態度。可採用表揚孩子之後，再批評一些細節的方法來教育孩子。因為這種表揚後的批評使孩子易於接受，先入為主的讚揚使他感到自豪與自信，產生自我價值感，而後的批評則更喚起其自身的思考和注意，從而為孩子不斷的進步提供空間。因此，家長要儘量挖掘孩子的優勢，讓孩子有成功的體驗。

在體育活動中，孩子也會犯各種各樣的錯誤，如多次做錯同一動作、不遵守體育規則等。做錯，可能要受到大人的批評。對於大人的批評，有的孩子能聽得進去，且心悅誠服，而有的孩子不但聽不進去，反倒產生對立情緒，結果就是不改錯誤，故意犯錯誤。究其原因，除了大人本身的威信等因素外，主要還是批評的藝術性問題。

有的家長因為孩子學不會某些簡單的動作技術而不知所措時，常慣以「你真笨」的訓斥語言，以為這樣才能「解恨」，才能解決問題。實際上恰恰相反，這樣只會把孩子推向對立面，甚至激怒孩子，使孩子做出不理智的行動。相反，如果父母從關心、愛護的態度出發，真誠地幫助孩子分析錯誤和糾正錯誤，孩子就會敞開心靈大門接受父母的批評與幫助。常言道：「人非草木，孰能無情」，即使犯有錯誤的孩子，也需要尊重，需要父母熱忱幫助。

如果父母批評中帶有鼓勵，從語言、表情、態度中表露出相信孩子經過努力是能夠完成動作的，並對孩子抱有期望。那麼，孩子不但樂於接受父母的批評，而且還會產生完成動作的信心和動力，進而積極地投入練習。因此，父母對孩子進行批評教育時的每一個意見，都應做到動之以情、曉之以理。

脫離了事實的瞎批評、亂表揚，就會使批評和表揚失去依據，其效果不僅達不到預期的目的，反而會增加孩子的逆反心理，使孩子產生負面心理影響。如果家長能夠幫助孩子解決問題，就是方式方法比較嚴厲，少年兒童也能接受。

在批評孩子時，必須考慮孩子所處的場合。那種慣於

在大庭廣眾之下大發雷霆，不注意尊重孩子情感、維護孩子的父母，最終只會引起孩子的反感，達不到批評的目的。

【肯定優點法】

鍛鍊價值：提高接受批評和表揚的能力。

參加對象：6～13歲孩子及其父母。

練習方法：

（1）有意識地當著孩子的面做「錯」動作，讓孩子評價「好」「不好」以及錯誤之處。

最好不要用「差」字，最好用婉轉的語言，如「不好」。

（2）觀察他人的動作，請孩子評價。當孩子嘲笑他人時，父母要說「你身體素質好，學習新動作快，練習品質也高，但不要嘲笑別人，能去幫助練習不太好的朋友就更好了」，這樣，孩子會愉快地接受父母的批評。

首先肯定優點，然後再用提示、暗示、對比等方式自然委婉地把話題轉到問題上，這樣，孩子就比較容易接受。覺得父母是公平而又可依賴的「怕批評」或「準備挨批」的心理防線。

【「心悅誠服」】

鍛鍊價值：透過討論自己的問題，使孩子明白自己的錯誤，心悅誠服地接受。

參加對象：6～13 歲孩子及其父母。

練習方法：與孩子一起騎自行車外出，如果孩子闖紅燈或在汽車道上騎行，回家後，主動與孩子交流，指出闖紅燈、在汽車道上騎車容易出現安全問題，也是違反交通規則的。

專家建議

切記：允許孩子申辯，避免單方訓斥。允許申辯，並參與對自己問題的討論，是使被批評孩子心悅誠服的重要條件。如果單方訓斥，又不允許孩子申辯，並迫使孩子接受，常會使孩子口服而心不服。因為不讓孩子申辯、參與討論，家長容易錯誤地分析情況，或者把好心做錯事誤為明知故犯，或把力不從心誤認為有意偷懶；或脫離特定背景做常規推斷，致使少年兒童內心不服，在心理上拒絕批評。

【鼓勵法】

鍛鍊價值：利用批評給孩子鼓氣，而不是洩氣。

參加對象：6～13 歲孩子及其父母。

練習方法：孩子每一次取得一點進步或者完成練習任務，用表揚的語言來鼓勵孩子。

【以情動人法】

鍛鍊價值：提高解決問題的能力。

參加對象：6～13 歲孩子及其父母。

練習方法：以情動人，切忌不要採用諷刺、挖苦、辱罵等有損孩子人格和自尊心的語言批評孩子。

中國女排隊員趙蕊蕊說：「這麼多年來，爸爸從來沒有表揚過我，但每當我有困難的時候，爸爸總是站在我身邊，鼓勵我要堅強。」

方法二：克服自卑心理，提高自尊心

喪失了自尊心的個人，是一個沒有出息的個人；
喪失了自遵心的民族，是一個無望的民族。

——蘇格拉底

體育鍛鍊能夠提高人的自尊心，但有時也會傷害人的自尊心，使人在別人面前抬不起頭來。尤其是那些從小沒有進行過體育鍛鍊的孩子，當他們與別人在一起玩時，發現自己完成不了某一個動作，就會產生自卑心理。或者在

參加體育鍛鍊時，由於動作完成得不好，而受到老師、學生的數落，甚至還受到父母的數落，這種情況下，就會出現兩種情況：好的一方面是孩子知道勇猛頑強，努力練習；不好的一方面是孩子就會因此放棄這個練習，終身不接觸這一運動。

通常害羞的孩子常常是在玩遊戲時避開大家，或站在旁邊，不敢主動說話，恨不得鑽進地縫裏，即使沒聽到別人的嘲諷也會自我怨恨，他們常常會感到很孤單。為了保持孩子的自尊，家長每天都安排一些孩子能夠完成的體育活動，尤其是戶外體育活動，如散步、跑、騎自行車、打球、爬樓梯、跳舞等，幫助孩子度過難關。

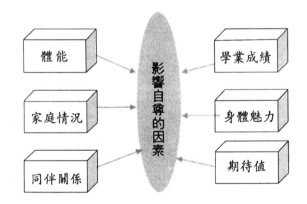

【頭腦風暴】

鍛鍊價值：培養想像力。

參加對象：6～13 歲孩子及其父母。

練習方法：收集幾位體育明星比賽時的圖片或錄影，詢問孩子你喜歡的運動員是誰？你想見哪位體育明星？你喜歡參加什麼運動項目？

【跟我做】

鍛鍊價值：提高表現力。

參加對象：6～13歲孩子及其父母。

練習方法：想出幾個孩子可以做的動作，如上跳下落、擊掌等。父母、孩子輪流選擇一個動作並向大家說：「我的名字叫……我能夠做上跳下落，你們願意跟我做嗎？」其他人摩仿他的動作，然後，下一個人開始重複進行。

【看誰站得最直】

鍛鍊價值：保持體形，提高表現力。

參加對象：6～13歲孩子及其父母。

練習方法：向孩子講駝背、彎腰的不好之處，定期與孩子比賽，看誰站得最直。

● 孩子的體形得到改善，孩子的感覺就會好。

方法三：賞識孩子

賞識帶來愉快，愉快導致興趣，興趣帶來幹勁，幹勁帶來成就，幹勁帶來自信心，自信心帶來更大的成就。

積極的情感能激發人的潛能，鼓勵人向好的方向前進。在體育活動中，老師、家長要想辦法引導孩子渴望學習，實現自我表現、自我證實、自我超越，豐富情感。因為輕鬆、活躍、信任、關心的氛圍能提高孩子的積極性，

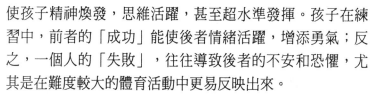

使孩子精神煥發，思維活躍，甚至超水準發揮。孩子在練習中，前者的「成功」能使後者情緒活躍，增添勇氣；反之，一個人的「失敗」，往往導致後者的不安和恐懼，尤其是在難度較大的體育活動中更易反映出來。

　　如：在做跨越障礙練習時，父母先做，當孩子看到父母輕鬆愉快地越過障礙時，對孩子就是一個較大的精神鼓舞，使孩子產生躍躍欲試的心理。在孩子參加體育比賽時，家長也可採取掌聲鼓勵的「助威」形式，使孩子在具有挑戰性的「強制」練習中，衝破精神枷鎖，得到意志品質的飛躍，形成良好的獲取勝利的情感體驗，它有助於由自我回饋，實現自我肯定，自我表揚，有助於消除自卑心理，樹立學習的自信心。

【拉橡皮筋圖形】

鍛鍊價值：提高創造力、自信心和識別圖形的能力。

參加對象：6～13 歲孩子及其父母。

場地器材：長橡皮筋 1 根。

練習方法：

　　（1）兩人用手拉，成一直線狀，將橡皮筋套在兩人的身體或腿上，拉成長方形；

　　（2）三人拉成三角形；

　　（3）四人拉成正方形、長方形；

　　（4）五人就能拉成五邊形。

●對孩子完成的動作表示贊許。

 小資料

　　健美巨星阿諾・施瓦辛格在他的自述《輝煌來自執著的

追求》中講道，「我小的時候，體質不太好，經常得病。我參加體育活動主要是父親的影響，他身強力壯，酷愛體育，獲得過『溜冰石』的冠軍。在他的鼓勵下，我10歲時參加了一支足球隊。但我不太喜歡這項運動，所以表現不很出色。我踢了5年足球。這期間也曾試過其他一些項目，如跑步、游泳、拳擊、擲標槍、擲鉛球。一天，足球教練要求我每週進行一小時的力量訓練，記得第一次走進健身房的時候，看到周圍的人肩寬腰細，堅實挺拔，猶如古希臘的雕塑一般，感染力極強。我目不轉睛地看著他們，被他們健壯的體格和無比的力量深深吸引住了……在我16歲那年，就對父母說，『我要成為世界上最好的健美選手，我還要去美國演電影』。」

如今，他如願以償，堪稱健美、影視天幕上光耀奪目的「雙子星座」，目前還擔任美國加州州長。

方法四：增強自信心，幫助孩子戰勝困難

> 讓孩子知道，無論他們是輸或贏，你們都愛他們。作為一個人，在他們生活中，他們總能夠找到支持。
>
> ——戴得爾·博納得博士

自信心包含著對其行為結果及自我能力的推測和判斷，在情緒體驗中常以自我能力感、自我滿意感、自尊、自豪等自我認識形式表現出來。它是人一生中不可缺少的心理素質。自信可以使孩子克服挫折、戰勝困難；自信可

以使孩子養成開朗、樂觀、積極向上的個性特徵和良好的情緒體驗；自信還能促進孩子積極地探索和實踐新的問題和課題，從而將自身的潛能充分地挖掘出來。

孩子缺乏人生閱歷和生活經驗，沒有經過人生的坎坷，沒有生活磨礪，缺少韌性，往往經受不起大的挫折，意志較薄弱，過多的失敗，會使他們對技術、技能的學習失去信心。相反，適度的成功體驗往往會提高他們學習的興趣，增強其學習的自信心。

孩子的自信心受家庭、朋友和他人的影響，他們都會對孩子產生正面或負面的影響，改變孩子的自信心。用肯定、表揚、鼓勵、期望或激將等正面的強化手段，可喚起孩子的好奇心、好勝心、自尊心和自信心。家長的鼓勵會使孩子感到信任、支持，看到自己的成績和能力，更加自信，從而獲得成功的動力。

多用表揚鼓勵的語言，少用否定的話來評價孩子，善於發現孩子的「閃光點」，充分肯定他所取得的點滴進步，使他感到我能行，再努力一定能做得更好。

國外曾有科學家對 10～12 歲的少年做過實驗，結果發現自信心強的少年很活躍，富於表現力，他們願意發表自己的觀點，不怕別人的反對，對自己的前途和能力感到樂觀。而自信心弱的孩子，常呈現憂慮沮喪，從不主動表現自己的觀點，當受到別人的指責時，也不會為自己辯護，他們性格孤僻，交際範圍很窄。

- 「你還小，讓我來幫你！」——大人不必要的幫助阻礙了孩子智慧和性格的發展。

自信是成功的基石。

——居里夫人

他人經驗——

父母賞識帶來了孩子的自信心，我們發現孩子越來越可愛，越來越聰明的女兒自信心有了很大的提高。2001 年 4 月 28 日，學校舉行了快樂體育活動，女兒又獲得了二年級滾鐵環第一名，短短的 20 多天時間裏，我看到女兒從鐵環拿在手裏一動也不動，到如今勇敢地站在操場上動作嫻熟地滾鐵環，她都是練出來的。

當我得到她獲獎的消息，我又給她寫了這張優點卡：佳能，媽媽看到你膝蓋上的傷常常心痛地想，要不要讓你去參加比賽，但一看到你的那份韌勁，想想還是讓你去吧！鍛鍊一下也好，做任何事都是這樣的，要靠勤勞刻苦，你說是吧？你能得到第一名，這是你努力的結果，繼續加油吧，人生的比賽才剛剛開始呢。

（陳惠芳·好勝心帶來自信心·少年兒童研究，2000：〔12〕21-22）

【跳障礙物】

鍛鍊價值：提高自信心、跳躍能力和支撐力。

場地器材：人當成山羊或小跳箱、跳馬都可（年齡不同，高度不同）。

參加對象：6～13 歲孩子及其父母。

練習方法：

（1）練習初期，在保護和幫助下原地進行練習；

（2）助跑完成，先保護後獨立完成。

【看誰能夠跨過小河溝】

鍛鍊價值：提高自信心，發展下肢力量。

場地器材：跳繩 2 根。

練習方法：開始練習距離為 50～70 公分，然後，根據少年兒童完成情況逐漸加寬兩根繩子間的距離。與孩子同時進行練習，等孩子有了自信心後與孩子進行比賽。

 注意事項

少年兒童練習的次數不宜過多，以防腿部受傷。

【皮筋跳高】

鍛鍊價值：體驗成功，認識自身潛力和價值，提高自信心。

場地器材：長橡皮筋 1 根。

參加對象：9～13 歲孩子及其父母。

練習方法：根據實際情況，逐漸增加橡皮筋的高度。讓孩子認識到別人可以完成的事情，自己也可以完成。

有點滴進步要
及時給予表揚

 專家建議

　　酌情減少保護幫助的方法或採用脫保的方式進行。如果經過努力，孩子能夠完成時，就告訴孩子「這一次我一點也沒有幫助你，是你自己完成的」，當孩子知道是自己完成時，他就會躍躍欲試，想多跳幾次。

 小資料

　　報紙摘要：

　　小強是個倔強好勝的學生，在老師的指導下，他跳高時動作敏捷，爆發力好，進步很快，得到老師和同學們的喝彩。一天下課後，爸爸來接他回家，小強迫不及待地要給爸爸表演他的新本領。

　　可是爸爸卻不耐煩地說：「強強過來，咱們回家吧，爸爸還有別的事兒呢，以後再看你的表演！」小強爸爸漫不經心地這一說，小強很有可能就會失去自己有所成就的自豪感，這打擊了他的自信心。

方法五：培養獨立意識

凡是兒童自己能夠想的，應當讓他自己想。

——陳鶴琴

　　全球化時代的國際競爭，說到底就是一個國家和民族創新能力的競爭，創新人才的培養成為一個國家提升國際競爭力的基礎。而個體獨立意識和獨立人格的培養是使其

成為創新人才的前提。孩子獨立意識和獨立人格的形成，需要家長、學校和社會各方面通力合作，為孩子獨立人格的構建營造良好的社會氛圍。

孩子能否獨立對家長來說很重要，不要讓「愛」使孩子失去獨立的機會。而且，要從一點一滴的小事上給孩子鍛鍊的機會，孩子就會擁有獨立面對問題的能力。

七八歲孩子的心理，淳樸天真，特別脆弱，很容易受到庸俗腐朽的社會風氣的侵襲，家長和老師如果不注意及時地疏導和矯正，孩子就會對這些社會現象由不理解到產生片面的認識，極易形成消極的社會心理，影響孩子正常的社會化。

放手讓孩子鍛鍊，不要怕他們做不好，也不能求全責備，更不能包辦代替。對於孩子獨立去做的事情，只要他們付出努力，無論結果怎樣都要給予認可和贊許。

「我行！」這種自我感覺很重要，它是孩子獨立性得以發展的動力。面對孩子的失敗，家長應該鼓勵孩子再去做，絕不能動輒就說「我說你不行吧，就會逞能」，更不要動手代勞。

當孩子執意去做那些難度較大的事情時，家長應予以鼓勵並給予幫助。這樣會提高孩子的積極性，增強孩子的自信心，增加孩子的鍛鍊機會，培養孩子的獨立行為。

現實生活中，孩子面對陡然而降的厄運時，可能一時會被擊懵，或對眼前生活失去信心。切記，決不能讓這種恐懼悲觀的心情長久地控制孩子。要讓孩子學會仰望，把所有的傷痛化為力量。只有懂得仰望，才知道前面的道路是廣闊的。

 項目策劃

【擲沙包】

鍛鍊價值：發展上肢、腰背肌肉力量。

場地器材：沙包 1 個。

參加對象：9～13 歲孩子及其父母。

練習方法：幾個小朋友在一起練習擲沙包，父母們在離孩子遠一些的地方或交流或鍛鍊。

【自娛自樂】

鍛鍊價值：提高獨立意識。

場地器材：小球 1 個。

參加對象：6～13 歲孩子及其父母。

練習方法：拿一個球，自己在戶外隨意玩耍。

【猜拳遊戲】

鍛鍊價值：發展上肢力量，提高支撐能力。

參加對象：8～13 歲孩子及其父母。

練習方法：俯撐，單手支撐，猜拳。

兩手交替進行。

體育就是「勇氣」「樂趣」，它能使你「內心充滿歡喜」「思路開闊」「條理更加清晰」「可使憂傷的人散心解悶，可使快樂的人生活更加甜蜜。」
　　　　　　　　　——顧拜旦

在運動場、替補席上
學到終身價值

方法一：教孩子學會遵守社會規則

體育，載知識之車，而寓道德之舍也。

——毛澤東

奧林匹克提倡公平競爭。在規則面前，參與者不論貧富貴賤，人人平等。如有違反，則將受到規則的懲處。

體育競賽和遊戲有其自身的遊戲規則和要求，參與一項體育運動就是接受了這項運動的規則，參與者都應遵守遊戲規則，遵守道德規範、比賽規則與程式，尊重對手，禮貌待人，合作互助。

利用體育競賽和遊戲可以使少年兒童懂得遵守規則的重要性，培養他們的規範意識，較早地養成遵守社會規範的好習慣。

【紅燈、綠燈】

鍛鍊價值：提高社會公德和遵紀守法意識。

場地器材：紅旗、綠旗各1面。

參加對象：6～13歲孩子及其父母。

練習方法：一人在前面打信號，其他人向前走，看到紅旗立即停，看到綠旗向前走。逐漸加快轉換的速度。

【「防空」「前進」「射擊」】

鍛鍊價值：培養服從命令的精神。

場地器材：戶外空場地就可。

參加對象：6～13 歲孩子及其父母。

練習方法：一人喊「防空」「前進」「射擊」口令，其他人聽到「防空」，下蹲做出藏起來的姿勢；「前進」，自然向前走；「射擊」，做出射擊的動作。

方法二：微笑面對挫折，絕不言敗

世界上的事情永遠不是絕對的，結果完全因人而異。苦難對於天才是一塊墊腳石，對於能幹的人是一筆財富，而對弱者是一個萬丈深淵。

——巴爾扎克

挫折是生活中的一部分，每一個人一生都會遇到。古今中外，許多仁人志士沒有一個不是在曲折中前進的。每個人都渴望成功，渴望遠離失敗。但是人生畢竟不可能是

一帆風順的，而且大多數情況下逆境塑造人。所以，挫折有正面影響，也有負面影響。

微笑面對逆境，絕不言敗是一個人能否成功的最重要品質。海倫‧凱勒在逆境中從不失去希望，用自信與微笑面對挫折，最終成就了她偉大的精神。

葉傾城說：「所謂成功與失敗，本是同片曠野，會是令你溺水的深潭，也是你解渴的甘泉。」

最終評價一個人，不能看他在順境時如何意氣風發，而要看他在逆境中能否乘風破浪。

——馬丁‧路德‧金

【衝破封鎖線】

鍛鍊價值：培養超越他人，超越自己的精神；提高競爭力。

場地器材：籃球或足球 1 個。

參加對象：6～13 歲孩子及其父母。

練習方法：「二過一運球」或「二過一傳球」，突破對方防守。

以微笑面對挫折的姑娘——

上海姑娘王婷 8 個月大時，不幸患小兒麻痺症，由於誤診，錯過最佳治療時機，雙腿癱瘓了。她在初中升學考

試中考了高分，但是所有學校在得知她有殘疾後全部將她
拒之門外。

　　1999 年，始終以微笑面對挫折的王婷終於迎來了人生
的轉機。她被專業教練選中，開始從事輪椅競速訓練，翌
年第五屆全國殘運會上就拿下 5 枚金牌，一舉成名。此
後，她又練起了投擲項目，並多次在國際大賽中為國爭
光。此次，她又獲得了自己的首枚殘奧會金牌，笑到了最
後。

　　摘自：〔殘奧會〕明星故事：以微笑面對挫折的姑娘.
　　　http:// sports.eastday.com.東方體育.2004-09-25.

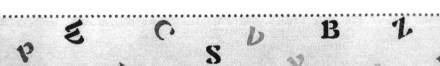

方法三：培養堅韌不拔的性格

> 體育是培養學生品格的良好場所，體育可以批評錯誤，鼓勵高尚，陶冶情操，激勵品質。
>
> ——馬約翰（1926）

心理學上的性格指的是人表現在對現時穩定的態度和與之適應的行為方式上的心理特徵。如果一個人對現時的某種態度，在類似的情況下不斷地出現，逐漸地得到鞏固，並且使之相應的行動方式習慣化，那麼，這種較穩定的對現時態度習慣化了的行為方式表現出的心理特徵就是性格。性格是後天形成的，是在客觀現實的影響下形成的。學校、家庭以及各種社會關係，都影響著少年兒童性格的形成。

體育遊戲、比賽中情況變化複雜，需要少年兒童隨時都要當機立斷，非常果斷地做出各種反應或動作。優柔寡斷就可能貽誤戰機，處於被動地位。學會不失時機地去拼搶爭奪，克服運動中遇到的各種困難，爭取有利時機，處於主動。

體育活動往往要求少年兒童盡力去完成，如果竭盡全力去做，就要忍受心跳加快、呼吸急促的不良反應。在室外進行體育活動，風吹日曬、嚴寒酷暑等惡劣的自然環境都會使人忍受皮肉之苦。

如果在這種環境下讓少年兒童進行體育鍛鍊，有利於他們形成吃苦耐勞、堅韌不拔、剛毅頑強，克服人的懶

惰、軟弱、怯懦和嬌氣的性格。

方法四：體育運動是減輕壓力的最好方法之一

對於壓力的理解，人們有不同的認識。有人認為壓力是發生在他們身上的事情，如損傷。也有人認為壓力是身體、大腦和行為對事件的反應（如心跳、焦慮或咬指頭）。

在壓力狀態下，表現出好戰，腎上腺素釋放，引起肌肉緊張、難以入眠，有的人出現怒吼或發怒等現象。

少年兒童在緊張的學習、社會競爭壓力下，難免出現焦慮、情緒不穩定等現象。在這種情況下，開展體育運動是最好的減輕少年兒童壓力的方法。如果家長、老師經常帶少年兒童進行慢跑、野外郊遊、出外旅行、瑜伽、沉思、深呼吸、按摩、有氧運動和伸展練習等，都有利於減輕少年兒童的壓力。另外，也可採用心理、情感療法等方法來緩解壓力。其次，還可採用讀書、看電影、打球、聽音樂或度假等方法。

項目策劃

【慢呼氣】

鍛鍊價值：有意識地控制呼吸，使人保持平靜。

練習方法：仰臥，雙臂置於體側；開始吸氣時，將手臂舉向天花板（屈肘）。吸氣時，讓臂一直舉過頭到地面；慢呼氣，臂回到體側。然後，雙臂保持靜止，再做幾

次慢呼吸。

【深呼吸】

鍛鍊價值：深呼吸為血液提供更多的氧氣，使身體釋放內啡肽，它產生荷爾蒙，荷爾蒙再加強，促進放鬆。

練習方法：用鼻子慢吸氣，在允許空氣進入肺之前擴展腹部。

【握拳鬆拳】

鍛鍊價值：放鬆緊張的肌肉。

練習方法：靜坐或躺下，閉眼。握緊拳保持 5 秒鐘，然後鬆拳。將注意力集中在緊張與放鬆的不同感覺上。

【伸展體操】

鍛鍊價值：放鬆緊張的肌肉。

練習方法：直角坐，吸氣。當低頭到胸部時，呼氣。將會感到頸部和肩部微伸展。吸氣時，右耳去觸右肩。當呼氣時，下頜再次去觸胸。然後換左側做。雙臂置於體側，雙肩向前推，慢慢地向上提肩（觸耳朵），然後再回到開始點，做 2～3 次轉動後，換方向做。

【散　步】

鍛鍊價值：減輕緊張感，使人放鬆。

參加對象：6～13 歲孩子及其父母。

練習方法：當緊張時，到戶外進行散步直至緊張緩解或消失。

【頭、肩、膝、腳放鬆】

鍛鍊價值：達到放鬆的目的。

參加對象：9～13 歲孩子及其父母。

練習方法：手拉手圍成一圈，齊唱英語歌「Head,

shoulders, knees and toes」（中文意思「頭、肩膀、膝、腳」），唱到頭兒時點點頭、唱到肩膀時聳聳肩、唱到膝時做做膝關節運動、唱到腳時就做做踝關節運動，以達到放鬆目的。

方法五：鍛鍊提高解決問題的能力

　　一個人在成長過程中會碰到各種各樣的問題，如果能夠在少年兒童階段提高解決問題的能力，這樣會有助於提高未來解決問題的能力。

【到達目的地】

鍛鍊價值：提高解決問題的能力。

場地器材：小河溝（寬度根據實際情況而定）——獨木橋（5 公分×5 公分木板）——墊子（必須用滾翻，不限姿勢）——跑道，總長度不超過 50 公尺。

參加物件：9～13 歲孩子及其父母。

練習方法：聽到開始口令後，用不同的動作到達目的地，看誰用的時間少。

【戶外旅行】

鍛鍊價值：提高解決問題的能力。

參加對象：9～13 歲孩子及其父母。

練習方法：計畫去三個地點旅行，自己選擇路線、乘車，並估計里程數和費用，在地圖上標出旅行路線。然後，比較每個人的路線，看誰的路線最短、費用最少。

方法六：在運動中體驗成功

人生有夢，但築夢要踏實，一步一個腳印。能知道要什麼，能夠做到什麼，不可能做到什麼，就很不錯。

在運動中感悟生命，在互動中體驗運動的樂趣和成功，不斷衝擊和打破心理極限，發展健康的體魄和良好的性格，正確地面對失敗與挫折，可以為少年兒童今後的終身發展奠定基礎。

●不要當著其他孩子的面去指責別的孩子做得不好。

 項目策劃

【「進圈」】

鍛鍊價值：提高反應速度，體驗成功。

場地器材：幾個圈（圈的數量要少於人的數量）。

參加對象：9～13歲孩子及其父母。

練習方法：大家站在圈外，聽到「跑」的口令後，大家都圍著圈跑，不許碰人和圈。聽到「進圈」口令後，每一個人必須跳進離自己最近的圈裏，跳進圈裏的人獲勝。也可採用各種跳躍練習。

【看誰跳得高】

鍛鍊價值：提高自信心和克服困難的能力。

場地器材：將橡皮筋綁在兩棵樹上，30～50公分高。

參加對象：6～13歲孩子及其父母。

練習方法：

（1）雙腳整齊地跳過橡皮筋；

（2）單腳跳過橡皮筋；

（3）增加橡皮筋的高度，從橡皮筋下鑽過。

方法七：挖掘潛能 挑戰極限

我們的生活似乎都不容易，但是，那有什麼關係，我們應該有恆心，尤其要有自信力。

——居里夫人

挖掘潛能是指將少年兒童的能力開發出來，使其好上加好。在體育活動中，最能讓少年兒童看到勝利和進步的項目是田徑運動，碼錶可以告訴少年兒童一切。在體育活動中，許多少年兒童因為成功戰勝了別人而成為勝者，產生滿意與喜悅感，有些少年兒童卻會因為失敗或不能夠完成體育項目而產生自卑感。

同樣，也會有一些勝利的少年兒童由於勝利而產生驕傲情緒，瞧不起別人，滿足於現狀，反倒成為落伍者，遭受打擊，傷害自尊。

在設計挖掘少年兒童潛能的練習時，體育活動的安排要由簡到繁、由易到難、由不會到會；在先輕鬆、容易的活動中取勝，然後再增加活動的難度，這個難度必須是少年兒童經過努力可以完成的練習，即「讓少年兒童永遠進步」。

【100 公尺跑】

鍛鍊價值：提高快速反應能力。

場地器材：100 公尺長的跑道。

參加對象：9～13 歲孩子及其父母。

練習方法：練習初期先做一個 100 公尺的測試，看實際成績。然後制定一個努力的方向，以後每次練習一段時間進行測試，看成績是否提高（因為短跑成績提高起來非常慢）。

【象徵性長跑】

鍛鍊價值：挖掘自身潛能，挑戰極限；提高耐力水準和意志品質。

場地器材：畫一長跑路線圖，標明目的地。

參加對象：9～13 歲孩子及其父母。

練習方法：從起點出發，每經過一個目的地，就在上面插上小紅旗，直至跑完全程到達目的地。

方法八：從小經受「磨難」，提高意志品質

> 意志、勇敢和目的性的培養問題，
> 是具有頭等意義的問題之一。
> ──馬卡連柯

人的意志品質的培養是在克服困難的條件下進行的，

而且必須是在長時間地、多次地克服大量困難的條件下來實現的。許多著名的學者、科學家為一個崇高理想耗盡他們的畢生精力，戰勝了許多難以想像的困難，終於做出了偉大的業績。

我國曾經舉辦過的「苦行」夏令營，使久居都市的獨生子女長了見識，培養了吃苦精神，鍛鍊了他們獨立自主的能力。但是一到家裏，在父母長輩的關愛呵護下又回到了老樣子。所以，才有人們驚呼「少年兒童們的素質太差」。

與此相反，國外的家庭教育非常注意讓少年兒童們從小要接受「磨難」教育，培養獨立精神。家長有意為少年兒童創造生活的「逆境」，培養他們的勞動習慣，獨立自主、積極進取的精神。

換句話說，從小就培養他們有良好的意志品質，面對磨難與挫折而不驕不餒。如在德國，一兩歲的兒童自己坐在椅子上吃飯，不同年齡的兒童必須承擔一定的「勞動」。14～16歲的少年擦洗汽車，給花園鬆土。

2006年義大利都靈冬季奧運會上，發生了一個令所有人的心靈受到震撼的場面。花式滑冰雙人滑決賽時，中國運動員張丹和張昊是很有希望奪冠的年輕運動員。在做一個高難動作時，不幸張丹摔倒，腿部和膝關節嚴重拉傷，場內一片驚呼，誰都以為張丹會放棄，但這位女運動員稍作治療和包紮後，忍著疼痛、面帶微笑重新比賽。

她的超強意志和張昊的出色表演，征服了大家。沒有任何人幸災樂禍，包括他們的競爭對手。相反，全場觀眾懷著崇敬全都起立向他們致敬，並且一直站著看完他們的表演。張丹和張昊真正體現了奧林匹克精神，而這裏的觀

眾也才是真正理解了體育精神的觀眾。

體育不僅能夠增強體質，而且培養意志品質，使強者更強，弱者增強。有一篇名叫《我跑了最後一名》的文章，講的是一位八十多歲的老人，參加長跑比賽，堅持跑完全程成了最後一名，雖說沒拿到獎牌，卻被在場的觀眾熱情地簇擁著高舉起來。

【過獨木橋】

鍛鍊價值：提高意志品質。

場地器材：1 公尺或 1.2 公尺高的平衡木 1 根。

參加對象：9～13 歲孩子及其父母。

練習方法：站到平衡木上面，先在保護與幫助下完成；然後脫保自己完成。

【鑽過鐵絲網】

鍛鍊價值：提高意志品質。

場地器材：跨欄架 5～10 個，相間 5 公尺（用欄架當鐵絲網）。

參加對象：9～13 歲孩子及其父母。

練習方法：聽到「開始」口令後，用最快的速度起跑，向前跑到每 1 個跨欄架處必須鑽過去，看誰完成得最快。

小資料

美國總統羅斯福是第二次世界大戰的英雄，不幸的是，羅斯福總統曾經是位殘疾人。他小的時候，母親帶著他到處旅行，經常往返於美國和歐洲之間，身體挺好·以後他當上了海軍將領，顯示了超人的才華。但是後來他突然得了麻痺症，雙腿幾乎癱瘓了，有三四年不能活動。

他沒有被病魔壓倒，以頑強的意志進行體育鍛鍊，每天堅持泉水浴，鍛鍊的結果使他漸漸地恢復了健康。雙腿有了力量，慢慢可以活動了。他就組織了一個法律事務

所，每天堅持拄著拐杖走路去上班，時間一長，他的身體奇跡般地好了。

方法九：苦難考驗輝煌人生

> 生命中最偉大的光輝不在於墜落，而是
> 墜落後總能再度升起。我欣賞這種有彈性的
> 生命狀態，快樂地經歷風雨，笑對人生。
>
> ——南非前總統曼德拉

　　經歷過苦難磨礪人生的人，才會鋒芒四射。可以說，苦難應該是人生中用來考驗人輝煌的試卷。命運在賜予人們苦難的同時，往往也將一把開啟成功之門的鑰匙放到了人們的手中。

　　郭沫若是中國一代文壇巨擘，致力於繁冗的腦力勞動數十年。據他自敘：「幼而多病，為父母憂勞。」全靠青少年時期的體育鍛鍊，才使他在事業中保持了旺盛的精力。少年郭沫若最愛和同學們一起賽跑，「看誰跑得最快」是他們當時的競賽口號。郭沫若還特別喜愛踢毽子、登山。每逢假日，他總是要踏上樂山附近的大小山頭，登高望遠，暢抒情懷。

　　在現實生活中，孩子面對陡然而降的厄運，可能一時會被擊懵，或對眼前的生活失去信心。作為老師、家長決不能讓這種恐懼悲觀的心情長久控制少年兒童。要讓少年兒童學會仰望，只要懂得仰望，前方仍然會是一片廣闊的天空。

　　居里夫人一生忙於科研。在丈夫不幸去世後，她的工

作更加繁忙了。但她充分認識到，為了科學事業，得始終堅持鍛鍊。她選擇了散步作為運動。她認為：「科學的基礎是健康的身體。」

　　就一般家長來說，他們對從小體質弱的少年兒童往往給予過多的愛護和關注，當別的少年兒童在大自然的懷抱中自由自在地玩耍時，他們多半是在狹小的家中度過的，活動量較少、爬行不足、平衡訓練不足，大腦和身體的協調性不足，這就很容易造成這樣的知覺——運動能力發展不足，從而導致學習能力障礙，影響學習效果。

　　●讓少年兒童在困境中歷練，

　　　　　　健全的精神寓於健全的身體。

項目策劃

【手功能鍛鍊】

鍛鍊價值：提高手的活動能力。

場地器材：小球 1 個。

參加對象：6～13 歲孩子及其父母。

練習方法：玩球、拍球。

【聽力鍛鍊】

鍛鍊價值：提高聽力和身體反應能力。

練習方法：根據音樂的聲音判斷大、小、遠、近、前、後、左、右，同時將身體轉向發聲的方向。

【扶牆（桌）半蹲】

鍛鍊價值：發展下肢力量。

場地器材：牆或桌子。

參加對象：6～13 歲孩子及其父母。

練習方法：雙手扶牆（桌），一腿支撐做半蹲。

方法十：培養團結協作、樂於助人的好習慣

最寶貴的財富是團結。

俗話說：「三個臭皮匠，勝過一個諸葛亮」「一個籬笆三個椿，一個好漢三個幫」等，就說明了合作的重要性。合作學習能夠提高少年兒童的行為能力，提高少年兒童參加體育活動的熱情。運動場是一個很好的與人合作的場所，在這裏，可以體會到人與人之間的相互依賴、信任和互相幫助。透過與人的交往，可以提高人的交際能力、社會適應能力和團隊精神。

體育活動中的團結協作需要長期配合，互相憑觀察和感覺進行。如排球比賽中，隊員之間的配合都是靠手勢來

提示的；有些集體專案是靠語言、眼神、暗號和肢體語言等進行，這都需要同伴間默契配合。

另外，體育活動中，難免會出現摔倒、撞傷等事件，這就要求同伴來幫助，對傷者進行救護。再則，有難度的項目，練習初期需要同伴間互相保護和幫助，這就要求保護者注意力要保持高度集中，有較強的責任心，具有對他人負責的態度。

 項目策劃

【三人行】

鍛鍊價值：培養團結協作、互相幫助的精神。

參加對象：6～9歲孩子及其父母。

練習方法：兩人內側手相拉。第三人單腿支撐站中間，雙手搭在另兩人的肩上。大家齊喊「1」「2」「1」「2」……一起向前走。

【爬　行】

鍛鍊價值：發展協調性，團結一致。

參加對象：6～9歲孩子及其父母。

練習方法：所有參加者都俯撐在地上，如圖所示，大家喊著「1」「2」「1」「2」……向前爬行。

 **小資料**

　　1917 年 10 月，在美國堪薩斯州羅拉鎮的一家小農舍裏，意外地發生了一場爐灶爆炸事故，一個年僅 8 歲的小男孩嚴重灼傷。這個小男孩的雙腿傷得十分嚴重，腿上已經沒有一塊完整的皮膚，他在醫院接受治療時，主治醫生斷定他從此再也無法行走。

　　然而，當小男孩聽到這個噩耗之後，他並沒有傷心地哭泣，甚至連一滴眼淚都沒有掉下來，他只是平靜地注視著眼前黯然的父親，並在心裏暗暗發下誓言：「我一定要站起來。」兩年後，他終於站起來了。之後，他開始練習跑步，每天都要在農場上追逐牛馬。數年之後，他的雙腿強壯起來。之後，他就成了美國運動史上前所未有的最偉大的長跑選手之一。

　　這個小男孩，就是當時 5 項世界田徑紀錄的保持者——格蓮·康寧·罕。

方法十一：鼓勵有助於培養孩子創造力

> 我們的身體就像一座園圃，我們的意志是園圃裏的園丁……讓它荒廢不治也好，把它辛勤耕植也好，那權力都在於我們的意志。
>
> ——莎士比亞

　　Ayan（1997）認為，有創造力的、富有好奇心、想像力、觀察力、判斷事情的能力的少年兒童喜歡做複雜的遊

戲，喜歡與比他大的小朋友或成人玩耍，模仿大人的行為來使自己日益成熟。如果對少年兒童的每一個微小的成就都表示欣喜並鼓勵這種發展，那麼，就有助於創造力的培養。

【傳球遊戲】

鍛鍊價值：發展思維和創造力。

場地器材：籃球或排球 1 個。

參加對象：6～13 歲孩子及其父母。

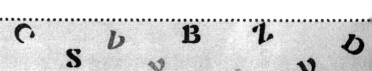

練習方法：兩人結伴，採用多種方法傳球，每一次使用一種新的傳球方法，一種方法不能重複兩次以上。

【聽音樂跳繩】

鍛鍊價值：發展思考力。

場地器材：音樂、單人跳繩。

參加對象：6～13歲孩子及其父母。

練習方法：假想手持跳繩，播放熟悉和喜愛的音樂，隨著音樂的節拍進行跳繩運動。只要跟著節奏，採用任一動作都可以。

【小布袋】

鍛鍊價值：提高解決問題的能力；開發智力，發展思維；培養團結協作精神。

場地器材：小布袋2個、房子若干（在地上畫圓圈代表房子）。

參加對象：6～13歲孩子及其父母。

練習方法：兩人一組，每組接一個小布袋。用不同的方式，將布袋從一個屋運送到另一個屋。可採用布袋始終著地，或同伴必須自始至終攜帶小布袋的方式。

【表現高興、悲傷（冷、熱）】

鍛鍊價值：提高想像力和表現力。

參加對象：6～9歲孩子及其父母。

練習方法：一人說「高興」（悲傷），其他人就必須立刻做出表示「高興」（悲傷）的動作；「冷」「熱」練習同上。

【看動作，講意義】

鍛鍊價值：提高想像力。

參加對象：6～9歲孩子及其父母。

練習方法：一人做雙臂側上舉動作，其他人根據動作說出動作表示的意思，如「擁抱」。

【想像走】

鍛鍊價值：提高想像力。

參加對象：9～13歲孩子及其父母。

練習方法：演示五種場景

（1）沒有完成家庭作業，走著去上學的樣子；

（2）比賽取得勝利後，走路的樣子；

（3）看到父母時，走路的樣子；

（4）遇到傷心的事情，走路的樣子；

（5）考了100分時，走路的樣子。

方法十二：獲得成就感，激發學習興趣

最好在運動場上尋找買不到的健康，而不要去花錢買難吃的藥。聰明的治療和預防疾病的方法是運動，因為上帝不喜歡他所創造的人被修改。

讓少年兒童在一次次的運動中獲得成就感是非常重要的。它可以鼓勵少年兒童積極向上，明確困難是暫時的，是可以克服的。

如果能夠在體育運動中為少年兒童創造成功的機會和條件，誘導少年兒童嘗試成功，啟發和培養少年兒童形成自身學習動力的內部機制，就會逐步培養起他們的成功心

理，激發起他們學習的興趣，從而取得良好的學習效果。

 項目策劃

【小步子】

鍛鍊價值：提高成功感，在原有基礎上的點滴進步都要肯定。

場地器材：在地上畫適當遠度的五個點（最好有尺規）。

參加對象：6～13歲孩子及其父母。

練習方法：大家一起做跨跳練習，看誰跨得遠。記錄五次跨跳的距離，將五次跨跳的成績加起來，看誰跳得最遠。

【看誰想的動作多】

鍛鍊價值：提高成功體驗；提供自我表現的機會；培養勇敢精神。

參加對象：6～13歲孩子及其父母。

練習方法：

（1）每個人在同伴的面前隨意做五個動作，每個人做完後大家都要掌聲鼓勵；

（2）當體育委員，其他人當學生。聽體育委員的口令，做「集合」「解散」等練習；

（3）每人編一節操，帶領其他人做。

 小資料

　　2004 年雅典奧運會，29 歲的羽毛球運動員張寧勇奪女子單打冠軍，為中國體育代表團贏得了一枚寶貴的金牌。張寧從 9 歲開始打球，18 歲時由於輸給了印尼年僅 18 歲的羽毛球運動員張海麗，而使中國隊丟了尤伯杯。1999 年由於與隊友外出吃飯，被國家隊停賽半年，因此沒有參加成2000 年雪梨奧運會。

　　走入低谷的她，多次想到退役，但是她的羽毛球夢想在親人、朋友、愛人的支持下始終沒有放棄，最終歷經十年的磨練，終於在關鍵時刻頂住壓力，實現了她的奧運冠軍夢想。至此，她奪得了世錦賽、蘇迪曼杯、尤伯杯、奧運會等世界重大比賽的冠軍。

身體好、學習好、工作好。
——毛澤東

愛運動的小孩

更健康

　　要成為一名合格的公民，不僅要具備公民意識、公民素質，同時還應擁有強健的體魄。20世紀50年代，毛澤東主席為青年學生題詞：身體好、學習好、工作好。毛主席肯定「身體好」是第一位的。

　　為什麼毛主席這麼肯定青少年成長過程中，身體要放在那麼重要的地位呢？這從毛澤東1927年以二十八畫生署名發表的《體育之研究》那篇文章中可以尋找到答案，因為身體是「寓精神之舍，載知識之車」。

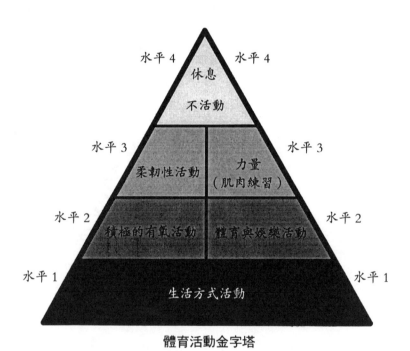

體育活動金字塔

摘自：Adapted from Corbin, C.B. and :indsey, R. (1997). Fitness For Life. (4th ed.), Glenview IL: Scott, Foresman and Co.

水平1：生活方式活動——每天進行

・寧可爬樓梯，也不要乘電梯；走到學校或從學校走回家；掃地、洗衣；在體育場進行運動等。

水平2：有氧活動，體育與娛樂活動——多做

・有氧運動，如游泳、騎自行車、慢跑、快走、籃球、羽毛球、足球等。

水平3：柔韌性、力量——發展肌肉練習

・休閒活動，如跳舞、跆拳道、釣魚等。

・柔韌性和力量練習，如推舉、仰臥起坐、舉重和力量練習等。

水平4：休息或不活動或很少做

影響負荷的五個主要因素

（1）強度：即負重抗阻的大小，一般講，用極限負荷85％以上的重量為大強度，60％～80％為中等強度，50％以下為小強度，通常以竭盡全力只能做1～3次的重量為大強度，6～12次為中強度，15次以上為小強度。

（2）組數：使用器械的輪數：一般4組以下為少組數，4～8組為中組數，8組以上為多組數。

（3）次數：一組中的動作重複的次數，通常以1～5次為少次數；6～12次為中次數；15次以上為多次數。

（4）密度：指每組之間休息時間的長短。間歇時間達2～3分鐘為小密度；1～1.5分鐘為中密度；每組間歇30秒以內為大密度。

（5）動作速度：指動作快慢。據研究，快速對發展爆發力有利，混合速度對增長力量有利，而慢速和中速則對發展肌肉有利。要根據鍛鍊的目的任務不同進行負荷因素

調節，發展爆發力，增加肌肉體積，或增長肌肉耐力削減脂肪。

方法一：識別方向

識別方向練習可以提高少年兒童辨別方向的能力。

 項目策劃

【識別方向】

鍛鍊價值：提高識別方向的能力。

參加對象：6～13歲孩子及其父母。

練習方法：

（1）一人喊「向左轉、向右轉、向後轉（任一方向）」，其他人依口令做動作。

（2）聽「東」、「南」、「西」、「北」後，向這四個方向移動。

【傳球與接球】

鍛鍊價值：提高識別方向的能力；增強手的感知能力；培養互相幫助、團結協作精神。

場地器材：小排球或軟式排球。

北

南

西　　　　　　　　　　東

參加對象：6～13 歲孩子及其父母。

練習方法：兩人（三人）面對面，一人（兩人）向另一人的體前、頭上、左側、右側傳球，接球人主動移動，迎球，接球後順勢將球引至身體，以減緩球速。

注意事項：不要將球傳得太遠，以免因接不住球，而產生逆反心理，放棄練習。

 注意事項

利用指北針辨別：

把指北針放平，看磁鍼（N 極）所指的方向，來直接斷定北方是哪裡。

立竿見影識方向：

有太陽的時候，將一木棍垂直立於地上，在木棍影子的頂點放一個石子，等五分鐘後，再在影子頂點處放一個石子。把兩個石子連成一條直線，在這條直線上畫一垂直平分線，這條平分線就是南北方向，背向太陽的是北方。

方法二：感受空間變化

空間感練習可以提高少年兒童的空間變換能力。

項目策劃

【識別高、中、低變換】

鍛鍊價值：體會空間變換。

參加對象：6～13歲孩子及其父母。

練習方法：擊一次掌，直立；擊二次掌，半蹲；擊三次掌，全蹲。逐漸加快動作的節奏。

【從高處向低處跳】

鍛鍊價值：體會空間變換，學會落地屈膝緩衝。

場地器材：馬路牙、小臺階都可。

參加對象：6～9歲孩子及其父母。

練習方法：站在馬路牙上，向上蹬跳，落在地上。

注意事項

（1）落地要屈膝緩衝，以防受傷，落點最好是土地；

（2）注意做好準備活動，加強保護。

【變換高度】

鍛鍊價值：提高空間感，集中注意力和轉移注意力。

場地器材：4／4的音樂和伴奏設備。

參加對象：6～13歲孩子及其父母。

練習方法：用八拍的音樂，一手向上升，然後慢放下；再換另一手練習。口令：「站，走，走，走，走，走，走，保持這個姿勢」「下降，走，走，走，走，走，走，保持這個姿勢」，先口令進行練習，等熟練後，聽音樂進行練習。

【看誰先到終點】

鍛鍊價值：發展下肢力量和高低變換能力。

場地器材：小籃球2個以上；畫1條帶有起點、中線、終點的15～20公尺線。

參加對象：6～13 歲孩子及其父母。

練習方法：聽到「開始」口令後，將球持於頭上，先正常走至中線，然後下蹲走到終點線。

【拋接球】

鍛鍊價值：提高高低轉換能力和判斷力。

場地器材：軟式排球 1 個。

參加對象：6～9歲孩子及其父母。

練習方法：持球下蹲，原地向上拋接。

方法三：培養節奏感

在音樂中，節奏是體現音的長短關係和強弱關係的一種統稱，是有規律的活動。節奏是構成音樂的重要因素。但對於低年級學生來講，告訴他們專業術語，他們很難理解和掌握，而採用遊戲的方式就很容易接受。例如：在講授帶有二分音符、四分音符、八分音符的節奏時，設計一個遊戲：小兔子一家在這一遊戲中，不同的打擊樂器分別擊出不同的節奏。扮演二分音符的兔子爺爺、四分音符的兔子媽媽和八分音符的小兔子分別出場了，他們邊聽音樂擊出的節奏邊表演。

看，爺爺那樣彎著腰一步一晃地走出來，媽媽又是那樣精神飽滿踏著步法顯得多麼有力，小兔子跑著跳著是那樣活潑可愛。透過這樣的角色遊戲表演，孩子們都能在遊戲中感受到節奏的變化，既培養了他們動作的協調性，又鍛鍊了他們的聽覺能力。

 項目策劃

【翩翩起舞】

鍛鍊價值：提高節奏感和想像力、創造力。

場地器材：4 / 4 拍音樂。

參加對象：6～13 歲孩子及其父母。

練習方法：兩人手拉手，聽音樂，共同向一個方向移動。音樂節奏變換時，兩人之間的合作速度要發生變化。用大家都熟悉的音樂，根據音樂的情景做動作。如歌曲《小松樹》，一起做天真爛漫的動作；如播放迪斯可音樂，大家跟著音樂節奏一起隨意地做動作。

【Travel, Travel, Stop（動，動，停）】

鍛鍊價值：提高節奏感和想像力、創造力。

參加對象：6～13 歲孩子及其父母。

練習方法：一人做擊鼓手，節奏由鼓手掌握。其他人在房間裏隨意走動，當聽到鼓突然一擊時，走動的人要「停」下來。

【踏步擊掌】

鍛鍊價值：提高節奏感。

參加對象：6～13 歲孩子及其父母。

練習方法：音樂或口令伴奏

第一個八拍：用 4 / 4 拍音符，踏四拍，第四拍擊一次掌；

第二個八拍：第三、四拍擊三次掌；

第三個八拍：半蹲踏步擊掌練習，擊掌方式同上；

第四個八拍：踏步二拍，第三、四拍跺腳兩次。

【理解快慢】

鍛鍊價值：提高速度轉換能力。

參加對象：6～13 歲孩子及其父母。

練習方法：原地跑步，聽「擊掌聲」，跟隨掌聲快樂

地做快慢動作。也可採用音樂的快慢做動作。

方法四：發展語言和語言轉換能力， 提高大腦思維能力

體育語言能力是少年兒童掌握運動技能的基礎。將語言的藝術應用於體育活動中，即通過做動作，學習生詞、識字，然後辨字，這對一年級的少年兒童大有益處。新鮮感的語言和有趣、有感染力的語言，可以激發少年兒童的練習積極性，提高少年兒童的運動熱情。

【跳繩記數】

鍛鍊價值：提高記數和加、減法能力。

場地器材：跳繩 1 根。

參加對象：6～13 歲孩子及其父母。

練習方法：

（1）一人較慢地跳幾次繩，一人數數；

（2）一人較慢地跳幾次繩，一人數數；一人再較慢地跳幾次繩，一人數數；然後問兩次跳的數加起來等於多少？或兩次跳的數相減等於多少？（注意：用大數減小數）。

【聽漢字做動作】

鍛鍊價值：由視、聽和運動，提高學習效果；提高識字能力、語言表達能力和對動作的理解能力。

參加對象：6～13 歲孩子及其父母。

練習方法：

（1）寫字，看字做動作；

（2）說中文，做動作，例如，看「走」字，問「走」是什麼意思？請用動作表示。

注：隨著孩子的理解力、表現力、想像力的提高，還可將跑、雙腳跳、單腳跳、跨步跳、十字跳等術語運用於練習中。

【加減法】

鍛鍊價值：提高計算能力和反應能力。

參加對象：6～7 歲孩子及其父母。

練習方法：正在學習加減法的 7 歲少年兒童。如家長問「8+7」，孩子答「等於 15」，那麼，大家向前跑 15 步；如家長問「8-7」，孩子回答「等於 1」，那大家向後退 1 步。

【奇數、偶數】

鍛鍊價值：提高數學能力和反應能力。

參加對象：6～8 歲孩子及其父母。

練習方法：喊「奇數」，左腳站立；喊「偶數」，右腳站立，看誰的錯誤率低。

【看圖做動作】

鍛鍊價值：提高想像力和模仿力。

場地器材：準備幾張稍大的卡片，每張卡片上面畫不同形狀的圖形。

參加對象：6～9 歲孩子及其父母。

練習方法：拿出不同的卡片即迅速模仿圖片上的動作。

【看信號，做動作】

鍛鍊價值：培養觀察力、注意力和反應能力。

參加對象：6～9 歲孩子及其父母。

練習方法：摸鼻子——原地跳；摸耳朵——小兔跳；搖頭——下蹲；手臂上抬——單腳跳。

【船、飛機、火車】

鍛鍊價值：提高想像力。

參加對象：6～11 歲孩子及其父母。

練習方法：船——做划槳動作；飛機——伸出雙臂當做翅膀；火車——雙臂在體側彎曲，向前划出。一人說動作名稱，一人做動作，然後兩人互換。

方法五：強化走、跑、跳、投等基本活動能力

走、跑、跳、投是人的基本活動能力，走可以培養良好的身體姿態，提高人的精神力、協調性和節奏感；快速走可以提高人的心肺功能；慢走，可以放鬆人的精神，達到健身效果。只有從小重視基本運動能力的鍛鍊，才能為孩子的將來打下良好的基礎。

1.走

走有正常走、小步走、大步走、足尖走、持重物走（負重走）、運球走等；走的路線有直線、斜線、曲線、圓形、方形、三角形、蛇形等；走的方向有前、側、後、側前、側後、左（右）轉彎走、左（右）後轉彎走、向後轉走等。

項目策劃

【大步走】

鍛鍊價值：培養良好的身體姿態。

參加對象：6～13 歲孩子及其父母。

練習方法：在戶外，挺胸收腹大步向前走，看誰走的姿勢正確。

【足尖走】

鍛鍊價值：培養良好的身體姿態。

場地器材：音樂和音樂播放器。

參加對象：6～13 歲孩子及其父母。

練習方法：聽音樂或喊口令「1，2，3，4……」，做足尖步走。可雙手插腰、雙臂側平舉、雙臂上舉或前平舉、上舉和側平舉組合練習。

【聽「口令」模仿走】

鍛鍊價值：提高自然走的能力和大腦轉換能力；提高注意力轉換能力和協調性。

參加對象：6～13歲孩子及其父母。

練習方法：聽到「鴨子走」，就學鴨子；聽到「自然走」，就正常走；聽到「大象走」，就學大象走。

【誰的娃娃掉不下來】

鍛鍊價值：提高走的能力、平衡能力和練習興趣。

場地器材：布娃娃幾個。

參加對象：6～13歲孩子及其父母。

練習方法：每人頭上頂一布娃娃，聽到「開始」口令後，用自然走或足尖步向前走或向後退，看誰的娃娃在聽到「停」的口令後，沒有掉下來。

【走的形式、節奏變換】

鍛鍊價值：提高集中注意力、注意力轉換的能力，培養節奏感。

場地器材：小手鼓；4／4的音樂和伴奏設備。

參加對象：6～13歲孩子及其父母。

練習方法：

（1）在家裏放節奏適當的音樂，由孩子或父母喊節拍，前三拍向前走，第四拍停。口令是「1前進、2前進、3前進、4停」。

（2）拿一個小手鼓，「小聲」小步向前行進，「大聲」大步向前行進。

（3）「1，2」向前走，「3，4」原地擊掌2次。

（4）「1，2，3，4」向前走4步，「5，6，7，8」向後退4步，「1，2，3，4」向左走4步，「5，6，7，8」向右走4步。上述練習也可採用半蹲姿勢進行練習。

（5）半蹲姿勢開始，1拍向前走同時稍起立，2拍在半蹲狀態繼續向前走，3拍在稍立的姿勢下向前走，4拍直立向前走。

【夾球走】

鍛鍊價值：提高走的能力和搬運能力。

場地器材：小球1個。

參加對象：9～13歲孩子及其父母。

練習方法：將球夾在膝關節處，雙臂側平舉，向前走。

【搬運球走】

鍛鍊價值：提高走的能力和搬運能力。

場地器材：小球 1 個。

參加對象：6～13 歲孩子及其父母。

練習方法：兩人面對面（背對背），雙手持球，側向前
行走。

【腳尖、腳跟走】

鍛鍊價值：提高走、動作轉換和空間變換能力；增強踝關節的力量。

參加對象：6～13 歲孩子及其父母。

練習方法：1，2，3，4 拍腳尖走；5，6，7，8 拍腳跟走。

【持棍夾球走】

鍛鍊價值：提高走的能力和控制球的能力。

場地器材：小球 2 個；40～50 公分長的短棍 2 根。

參加對象：9～13 歲孩子及其父母。

練習方法：用棍子將球夾起，向前走，看誰的球不掉下、走的距離最遠。

2. 跑

跑步運動能夠提高少年兒童的心肺功能，增強吃苦耐勞精神，提高意志品質。練習初期，強度不要太大，逐漸

加大運動量。

 【項目策劃】

【調整動作節奏】

鍛鍊價值：提高動作快慢轉換能力、大腦轉換能力和節奏感。

參加對象：6～13 歲孩子及其父母。

練習方法：一人擊掌，其餘人隨著擊掌人的節奏變化做原地擺臂練習。

【看誰能追得上】

鍛鍊價值：提高跑的能力、競爭力和永不言敗的精神。

參加對象：6～13 歲孩子及其父母。

練習方法：兩人間隔 2 公尺，聽到「跑」的口令後，向前跑 15 公尺，看後面人能否追上前面的人。

【依次向前加速跑】

鍛鍊價值：提高快慢速度交換的能力。

參加對象：6～13 歲孩子及其父母。

練習方法：三人排成一路縱隊，最後面的人用最快的速度跑到第一個人的前面，依次進行。

【跑樓梯】

鍛鍊價值：提高快慢速度交換的能力。

場地器材：樓梯。

參加對象：9～13歲孩子及其父母。

練習方法：用最快的速度跑上樓梯、用最慢的速度下樓梯。

【曲線跑】

鍛鍊價值：提高變換方向和跑的能力。

參加對象：6～13 歲孩子及其父母。

練習方法：排頭領著同伴跑「S」形。

【上坡跑、下坡走】

鍛鍊價值：體會快慢速度轉換。

場地器材：小山坡。

參加對象：9～13 歲孩子及其父母。

練習方法：用最快的速度跑上山，用最快的速度走下
山。

【循環跑】

鍛鍊價值：提高跑的能力和協調性。

場地器材：地上畫一個「8」字，各畫一個圓、一個三角形、一個正方形和平行四邊形。

參加對象：6～13歲孩子及其父母。

練習方法：站成一路縱隊，一人在前面帶路，依次跑完每一個幾何圖形。

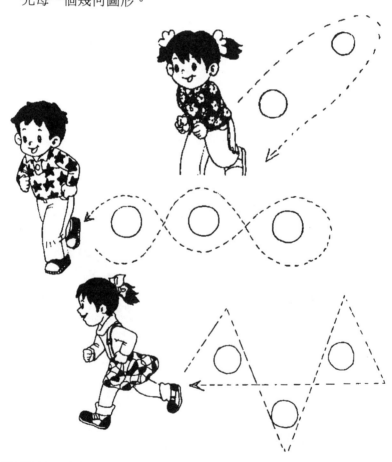

3. 跳　躍

　　跳躍是人的基本運動能力之一。在日常生活中，當人遇到障礙物，總要採用與跳有關的動作越過障礙。

　　跳躍練習，可以提高少年兒童的力量、協調性、靈活性和動作速度，培養少年兒童勇敢頑強、克服困難、互相幫助的精神。

【跳躍形式】

　　跳躍方式：單腳跳、雙腳跳、雙腳交換跳、雙腳跳換單腳跳、單腳跳換雙腳跳、分腿跳、弓箭步跳。

　　混合跳躍：變換姿勢跳、變換方向跳、旋轉跳、移動跳、變換步法跳、跳越障礙、支撐跳躍。

　　用力方式：大、小。

　　速度方面：快、慢。

　　空間方面：直線、曲線、轉體。

　　人的站立方式：站立、半蹲、全蹲。

【模仿跳】

　　鍛鍊價值：發展下肢力量和模仿力。

　　參加對象：6～9歲孩子及其父母。

　　練習方法：

　　（1）看圖做練習；

　　（2）聽口令「袋鼠跳」「小兔跳」，做出相應跳的動

作。

【雙腳跳】

鍛鍊價值：提高下肢力量和彈跳力。

場地器材：報紙四折。

參加對象：6～13歲孩子及其父母。

練習方法：雙腳站在報紙上向上跳，下落在報紙上。

另外，還可採用跳樓梯、跳圈、跳橡皮筋、跳過障礙物等。

【單腳跳摸高】

鍛鍊價值：發展下肢力量，提高協調性。

場地器材：懸垂的球 1 個，單腳向上跳摸高。

參加對象：9～13 歲孩子及其父母。

練習方法：單腳向前跨一小步，同時向上跳。

【單、雙腳交換跳】

鍛鍊價值：發展下肢力量，提高動作轉換能力。

場地器材：圈、海綿塊在地上放好。

參加對象：6～13 歲孩子及其父母。

練習方法：根據圈的數量，採用單腳、雙腳交換跳。

【跳格積分】

鍛鍊價值：發展彈跳力和準確性。

場地器材：在地上畫一長方形，並將其分為相等的 9 格。

　　參加對象：11～13 歲孩子及其父母。

　　練習方法：從 1 格開跳，每人跳一次（必須跳到格子裏，踩線算失敗），記錄得分，設紀錄，再重新開始，看誰能破紀錄。

　　【加距跨步跳】

　　鍛鍊價值：發展彈跳力和勇於挑戰極限的精神。

　　場地器材：兩根長跳繩。

　　參加對象：6～13 歲孩子及其父母。

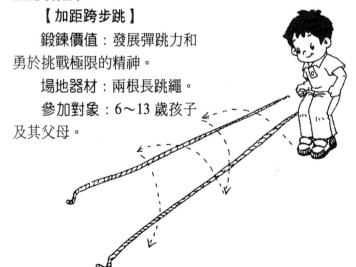

練習方法：先把兩繩的一端貼緊，另一端間距 50～60 公分，從近端跳過遠端；逐漸加寬繩間距。

4. 投　擲

投擲的方式、器材多種多樣，如沙包擲遠、壘球擲遠等。經常進行投擲練習，可以提高孩子的上肢力量、協調性和腰腹力量。進行投擲練習時，一定要注意安全。

【擲紙飛機】

鍛鍊價值：提高投擲能力；發展身體協調性。

場地器材：紙飛機 1 個。

參加對象：6～9 歲孩子及其父母。

練習方法：原地比遠；上一步比遠；行進間 50 公尺比遠。

【擲毽子】

鍛鍊價值：提高投擲能力；發展身體協調性。

場地器材：毽子 1 個。

參加對象：6～9 歲孩子及其父母。

練習方法：原地比遠；並一步比遠；行進間 50 公尺比遠；從體前擲毽子或體側擲毽子。

【砸沙包】

鍛鍊價值：提高投擲能力；發展身體協調性；提高躲閃能力和投準能力。

場地器材：沙包 1 個。

參加對象：6～13 歲孩子及其父母。

練習方法：一人跑動，一人用沙包砸跑動的人。

【拋　圈】

鍛鍊價值：提高投擲能力。

場地器材：戶外，圈 1 個。

參加對象：9～13 歲孩子及其父母。

練習方法：兩人面對面，先用雙手拋圈，以後嘗試用單手拋圈。

【擊　球】

鍛鍊價值：提高手控制器材和投准的能力。

場地器材：小球 2 個。

參加對象：6～13 歲孩子及其父母。

練習方法：練習者用球擊打場地中央的球。

【擲飛鏢】

鍛鍊價值：提高投準能力；集中注意力。

場地器材：飛鏢 3 個。

參加對象：9～13 歲孩子及其父母。

練習方法：每人擲 3 個飛鏢，看誰的得分高。

注意安全

【擲繩結】

鍛鍊價值：發展上肢力量、身體柔韌性和協調性；提高競爭意識。

場地器材：繩結 1 個。

參加對象：6～13 歲孩子及其父母。

練習方法：

（1）站線上後向前擲繩結，看誰擲得遠；

（2）在遠處設一個標記，看誰擲過標記；

（3）坐在地上，看誰擲得遠。

5. 爬

爬是人的基本活動能力之一。它可以提高少年兒童的爬行能力和協調性，發展上肢力量。

 項 目 策 劃

【俯（仰）撐爬行】

鍛鍊價值：提高爬行能力和協調性；發展上肢力量。

參加對象：6～13 歲孩子及其父母。

練習方法：俯（仰）撐在地上，向前爬行。

【推小車】

鍛鍊價值：培養團結協作，互相幫助的精神；提高爬行能力和協調性；發展上肢力量。

參加對象：9～13 歲孩子及其父母。

練習方法：一人俯撐，一人手持練習者的兩個踝關節，練習者向前走。

【拉小車】

鍛鍊價值：培養團結協作，互相幫助的精神；提高爬行能力和協調性；發展上肢力量。

參加對象：9～13 歲孩子及其父母。

練習方法：一人仰撐，另一人雙手持其小腿，幫助其向前走。

6. 對抗性練習

【突破封鎖】

鍛鍊價值：提高對抗和克服困難的能力。

場地器材：小籃球 1 個。

參加對象：6～13 歲孩子及其父母。

練習方法：一人防守，一人運球突破防守。

【角鬥士】

鍛鍊價值：提高對抗和克服困難的能力。

參加對象：6～13 歲孩子及其父母。

練習方法：兩人面對面、腳對腳、面對背對抗用力。

方法六：體適能運動

體適能是指健康的身體狀態允許人每天精力充沛地進行運動。這個定義闡明了四個方面的觀點：

一是健康的狀態意味著，由於健康，而感覺好、高興；二是充滿活力地去做每天的事情，有較多的能量去學習、做生活中的事情；三是如果健康，得病的機率就小，不管是年輕人，還是年老人；四是參加各種各樣的體育活動，可學習許多有趣的、新鮮的事情，如打球、跳舞、滑冰，以及其他的事情。

另外，體適能提供參加大範圍活動的基礎，給少年兒童瞭解他們自己的能力、與同伴合作的機會，以及長期適用於成人生活的技能。

健康體適能的作用：

· 提高心臟、肺功能。

· 使關節、肌肉柔軟有彈性。

· 提高肌肉力量和耐力。

· 減肥。

引自 Starla McCollum, Michael P. Maina, Julie Schlegel Maina, and Mike Griffin. Jump Start the heart: Teaching Children Cardiovascular Fitness.

運動項目	燃燒能量	提　高 心肺功能	提　高 柔韌性	力量肌肉	提高耐力
游泳	★★★★	★★★★	★★★★	★★★★	★★★★
騎自行車	★★★★	★★★★	★	★★★	★★★★
慢跑	★★★	★★★	★★	★★	★★★★
快走	★★★	★★★	★★	★★	★★★★
跳躍	★★★	★★★	★	★★	★★
羽毛球	★★★	★★	★★★	★★	★★
足球	★★★★	★★★★	★★	★★	★★★
籃球	★★★★	★★★★	★★★	★★	★★★
排球	★★★★	★★★★	★★★	★★	★★
網球	★★★	★★★	★★★	★★	★★
體操	★★★	★★	★	★★★★	★★
舞蹈	★★★	★★★	★★★	★★	★★

引自 Adapted from Corbin, C.B. and :indsey, R. (1997). Fitness For Life. (4th ed.), Glenview IL: Scott, Foresman and Co.

項目策劃

【瞭解心臟和心率】

場地器材：慢、中和快速音樂。

參加對象：9～13 歲孩子及其父母。

練習方法：握拳，將拳頭放在胸上，讓少年兒童明白心臟的位置，大小接近於拳頭。詢問孩子是否感覺到心跳。此時，放慢音樂，以正常的速度走，然後停下來，感覺心跳。放中速的音樂，提高走的速度，接著停下來，用手感覺心跳。慢跑和奔跑，停下來，將手放在頸動脈和橈

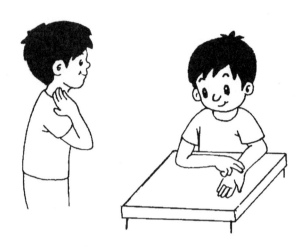

動脈檢查心率。

強調：心臟是一塊肌肉，當身體工作強度大時，心跳就加快。

【綠燈、黃燈、紅燈和氧】

鍛鍊價值：瞭解肺吸氧。

場地器材：綠、黃和紅及氧燃料卡片，呼啦圈。

參加對象：9～13歲孩子及其父母。

練習方法：這個活動的目的是強調身體使用氧做燃料，肺吸氧。心臟是引擎，孩子手持呼啦圈，將呼啦圈套在身上當小汽車。給汽車裝上氧燃料，駕駛車行進，感受汽車的反應。回憶如何感覺心跳。閃紅燈代表吸氧的氧卡片開始活動。將呼啦圈舉在頭上，降低呼啦圈到腰部時吸氣。然後，將呼啦圈舉到頭上呼氣。重複幾次這個練習。接著，閃綠燈卡片，做一個設計好的動作30秒，閃黃燈汽車減速，下車、走。接著，閃紅燈，告訴孩子停，將一隻手放在心臟上，另一隻手的張與合表示心臟跳動有多快。重

複進行練習。讓孩子明確：身體用氧做燃料是使身體活動，肺吸氧，心臟泵氧，豐富了全身的血液，以便人能夠活下去，並進行運動。

【耐力測試】

鍛鍊價值：由耐力測試，瞭解耐力。

場地器材：田徑場或距離相近的地方。

參加對象：9～13 歲孩子及其父母。

測試方法：按照國家體質健康標準進行 800 公尺測試、評分方法進行。

【循環練習】

鍛鍊價值：提高和保持心臟血管適能（循環練習）。

場地器材：足球、籃球或操場上的球、圓錐體（在地上畫標記）和障礙物（在地上畫標記）。

參加對象：9～13 歲孩子及其父母。

練習方法：少年兒童必須明白他們參加什麼樣的活動

可以提高心臟血管適能，把這些活動標出順序，按照「汽車站」的形式，一個接一個練習（循環練習），每一練習1～3分鐘。

【瞭解頻率】

鍛鍊價值：瞭解有氧練習中頻率的含義。

場地器材：圓錐體、籃球和足球。

參加對象：9～13歲孩子及其父母。

練習方法：

第一站：繞圓錐體，籃球運球，足球運球或上下臺階。

第二站：步伐健身操、有氧舞蹈、體育舞蹈。

第三站：繞圈跑、力量走。

第四站：單人跳繩、與同伴跳繩、跳繩路徑。

第五站：少年兒童自編健身操。

【瞭解強度】

鍛鍊價值：瞭解強度。

場地器材：標出不同形式的跳躍動作、跳繩、歡樂的音樂、記錄心率的表格；畫好一條直線。

參加對象：9～13歲孩子及其父母。

練習方法：

活動前，瞭解心率測量方法。這個活動可以重複幾天或幾週。建立下列跳躍站。

第一站：縱跳摸高。

第二站：前後跳一線。

第三站：「之」字前後跳一線。

第四站：跳繩。

第五站：拋接球遊戲。

家長與孩子各站一站，用 15 秒鐘的時間完成，然後測量心率，並記錄。第二次完成時，可將每站練習延長至 20 或 30 秒鐘，並記錄心率。練習後，比較幾次的心率，明確強度的概念。

【瞭解時間】

鍛鍊價值：瞭解時間。

場地器材：體操墊、足球、跳繩、小重量沙袋、踏板和籃球。

參加對象：9～13 歲孩子及其父母。

練習方法：每一站 3 分鐘。每完成一個循環，就在卡片上劃一個「√」，鼓勵孩子連續完成，練習中間不要停歇。

第一站：踏板。

第二站：繞圓錐體，足球運球。

第三站：跳繩。

第四站：持沙袋走（跑）。

第五站：繞圓錐體，籃球運球。

7. 力 量

力量練習的方法多種多樣，根據 7～12 歲少年兒童的生長發育特點，一般採用較小重量的東西進行練習。如最典型的練習用小沙袋或米袋、書包、阻力不太大的彈簧拉力器等。可在家裏與父母輪換練習或同時練習，或到戶外與父母做各種對拋練習。

項目策劃

【斜身引體】

鍛鍊價值：發展上肢力量耐力；團結協作，互相幫助。

場地器材：低單槓或雙槓 1 副。

參加對象：7～12 歲男童，7 歲以上女童。

練習次數：可先做 10 秒鐘、20 秒鐘、30 秒鐘……，逐漸增加到 1 分鐘。每次 3～4 組／分鐘。

【連跳障礙】

鍛鍊價值：發展小腿三頭肌的力量、協調性和勇敢性。

場地器材：如圖用海綿間隔一公尺做成一直線形狀。

參加對象：9～13 歲孩子及其父母。

練習方法：父母與孩子前後站立，排成一路縱隊，等間距排列障礙物（初期間距稍大一些，這樣可以使孩子克服恐懼感），雙臂自然下垂。母子依次跳過障礙物。練習初期允許動作中間有停頓，熟練後連跳障礙。

注意事項：開始時放的障礙物應為軟東西，如海綿，踩上去不會崴腳。

【小 天 鵝】

鍛鍊價值：發展腿部和踝關節的力量；提高協調性；提高節奏感和對美的感受力和表現力。

場地器材：天鵝湖樂曲。

參加對象：6～13 歲孩子及其父母。

練習方法：兩人並排提踵立，雙手置於腹前（掌心相對）。1，2，3 拍向左側移動 3 步，4 拍並腿立；5～8 拍向另一側做。

【拉 鋸 戰】

鍛鍊價值：發展上肢力量；團結協作精神；步調一致、互相體諒。

參加對象：9～13 歲孩子及其父母。

練習方法：

（1）兩人面對面坐，一人盤腿坐，另一人直角坐，兩

人手相握。一人的上體向後倒，一人順勢向前倒，接著兩人換方向；

（2）兩人坐在地上，雙腳相對，雙手掌相觸，雙手同時向一人處推或雙手依次互推；

（3）長毛巾練習。

【仰臥舉腿】

鍛鍊價值：發展腹肌力量；互相幫助。

場地器材：海綿墊子1塊。

參加對象：9～13歲孩子及其父母。

練習方法：一人仰臥，另一人跪撐。雙手握仰臥者的腕關節。1～4拍舉腿，5～8拍還原成預備姿勢。

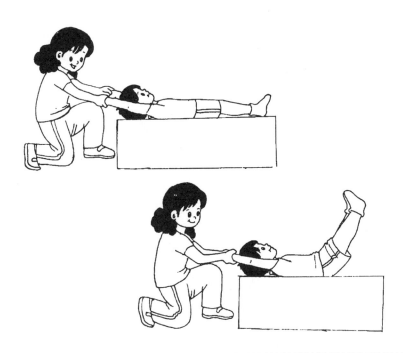

另外，還可通過下面圖示的練習發展腹肌力量。

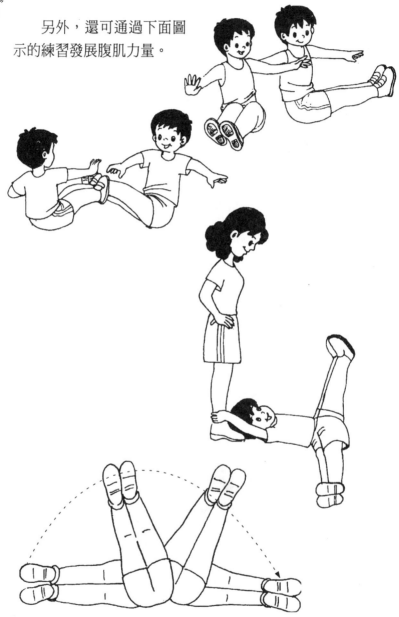

【推　撐】

鍛鍊價值：發展胸部、肩部肌肉力量。

場地器材：椅子 2 把。

參加對象：9～13 歲孩子及其父母。

練習方法：手置於椅子上，椅子貼牆。向地上下降臀部，直到胸部與手處於同一平面，然後再推回至開始姿勢。也可把雙腳放在椅子上練習。

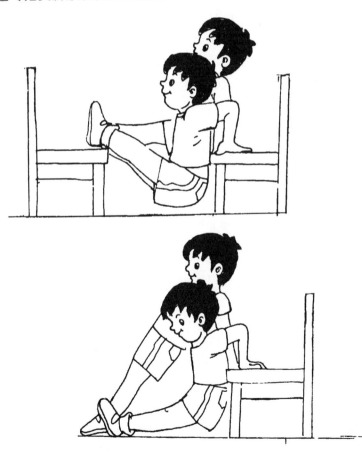

【手壓橡膠球】

鍛鍊價值：發展手部、腕部肌肉力量。

場地器材：軟的、直徑大約兩寸的橡膠球 1 個。

參加對象：9～13 歲孩子及其父母。

練習方法：手持橡膠球，每天用手擠壓 2～3 次。

【蹲　牆】

鍛鍊價值：增強股四頭肌力量和肌肉耐力。

參加對象：9～13 歲孩子及其父母。

練習方法：背挺直靠牆站立，腳與肩同寬，背沿牆下滑，直到大腿與牆成 90°角，小腿與地面成 90°角。腳與肩同寬。臂在胸前交叉，保持這個姿勢越長越好，做一組就可。

【提踵立】

鍛鍊價值：增強小腿後群肌肉力量與柔韌性。

場地器材：20 公分高的板子 1 塊。

參加對象：9～13 歲孩子及其父母。

練習方法：雙腳前腳掌站在板子上，雙腳開立與肩同寬。腳後跟向下，越深越好。這個練習也可單腳做。

8. 速　度

【拍背躲閃】

鍛鍊價值：提高快速反應和躲閃能力。

參加對象：6～13 歲孩子及其父母。

練習方法：兩人面對面站立，聽到「開始」口令後，設法拍擊對方背部，而又設法不被對方擊中自己，在規定時間內（每次 1 分鐘左右），拍擊對手多者為勝。

【聽口令或看信號變速跑】

鍛鍊價值：提高快速反應能力。

參加對象：6～13 歲孩子及其父母。

練習方法：在慢跑或其他移動中，聽口令或看信號即起動快跑 5～10 公尺。

【節奏跑（烏龜與兔子）】

鍛鍊價值：進行節奏訓練，發展速度素質。

場地器材：速度標記、圓錐體、兩種節奏的音樂，碼錶。

參加對象：6～9 歲孩子及其父母。

練習方法：聽到快節奏音樂，原地快跑；慢節奏音樂，原地慢跑。

【擊掌擺臂】

鍛鍊價值：進行節奏訓練，發展速度素質。

參加對象：6～13 歲孩子及其父母。

練習方法：雙腳前後開立或弓箭步，根據口令或擊掌或節拍器節奏，做快速前後擺臂練習 10～15 秒鐘，節奏由

慢到快,快慢結合。

【兩側移動】

鍛鍊價值:提高快速移動能力。

場地器材:畫 3 條彼此間隔 1.5 公尺的平行線。

參加對象:9～13 歲孩子及其父母。

練習方法:雙腳站在中線的兩側,聽到「開始」口令後,先向右側移動去摸右側線,然後,再沿原路返回

去摸左側線,然後,再摸右側線,共往返進行 5 趟,測試所用的時間,以秒為單位。時間越短,說明移動速度越快。

9. 柔韌性

柔韌性是指運動時各關節活動的幅度或活動範圍。良好的柔韌性可以使動作靈活,姿勢優美,還可以防止運動損傷。

【肩部和臂部伸展】

鍛鍊價值:發展肩部柔韌性。

參加對象:6～13 歲孩子及其父母。

練習方法:雙臂置於頭上,在頭後輕輕地拉右(左)

肘，直到感覺背後的肩部和臂的後部得到伸展；然後推右
（左）肘經胸前至左（右）側最遠端。

【壓　肩】

　　鍛鍊價值：發展肩部、胸部柔韌性。

　　場地器材：桌子 1 張或肋木、低單槓 1 副。

　　參加對象：9～13 歲孩子及其父母。

　　練習方法：雙手扶桌子或肋木、低單槓等，向下振動
壓肩。

【轉　肩】

鍛鍊價值：加強肩部柔韌性。

場地器材：體操棍 1 個（或洗澡巾）。

參加對象：6～13 歲孩子及其父母。

練習方法：雙手持棍置於體前，經前直臂向後繞，再由後向前繞。其間先寬後窄。

【體轉運動】

鍛鍊價值：發展腰腹部柔韌性。

參加對象：9～13 歲孩子及其父母。

練習方法：兩人背對背，雙腳開立（也可坐在床上）。一人手持一玩具娃娃，向左後轉傳遞娃娃，另一人也左後轉接娃娃，然後向右後轉，再將娃娃從右側傳給前一個人。

腿部、髖部柔韌性練習

【坐位前屈】

鍛鍊價值：發展腿部、髖部柔韌性。

參加對象：6～13 歲孩子及其父母。

練習方法：坐在地上，左腳觸右大腿，從臀部慢慢地向右腳彎曲上體，右手握住右腿踝關節，直到感覺到右腿的後部有一點伸展。頭不要向前，保持這個姿勢 10 秒鐘。然後，從臀部向前屈，直至感覺到有被拉的感覺，保持 10 秒鐘，然後換腿做。

【上下木凳】

鍛鍊價值：發展下肢力量和力量耐力。

場地器材：與樓梯臺階一樣高的硬木凳子、椅子或盒子 1 個。

參加對象：6～13 歲孩子及其父母。

練習方法：面對硬木凳子。右腳踏上（注意不要跳、腳不要離開，用大腿肌肉帶動上去），然後落下。換左腳，雙腳交替進行。每隻腳做 30 ～ 40 次為一組。這個練習可發展大腿前面的肌肉和臀部肌肉。

【弓步下蹲】

鍛鍊價值：弓步增強大腿、臀部和髖部柔韌性，提高平衡。

參加對象：9～13歲孩子及其父母。

練習方法：直立，雙臂側平舉（保持身體平衡），向前弓步走，直到左膝觸地。然後回到開始位置，再重新進行。

11. 柔韌性測驗

【肩關節柔韌性測驗】

測量器材：軟皮尺1條。

測量對象：7歲以上男女童。

測量方法：直立，雙腳分開與肩同寬，雙臂伸直，雙手於胸前握皮尺，一手虎口固定於皮尺的0點位置，另一手取適當距離握住皮尺，然後雙臂伸直，由胸前向上、向後旋轉過頭，再直臂向前旋轉至開始位置。以公分為單位，記錄雙手拇指間的距離。

【劈叉（測量髖關節伸展的柔韌性）】

測量對象：7歲以上男女童。

測量方法：雙腿前後或左右緩慢分開至雙腳間最大距

離，儘量使分叉處靠近地面。測量分叉處離地面的垂直距離或雙腳跟之間的水平距離。測驗三次，以公分為單位，記錄最好成績。評價時，可按分叉點離地面的垂直高度或雙腳跟間水準距離評價。

【立位體前屈】

測量器材：找一刻度長約 60 公分的直尺垂直固定於凳的一側，直尺的 20 公分處為 0 點，與凳面齊平。0 點向上標以負值 1～20 公分刻度，向下標以正值 21～60 公分刻度。

測量對象：7 歲以上男女童。

測量方法：雙腳尖分開 5～10 公分，並與凳前沿齊平，腳跟併攏，雙腿伸直。上體儘量前屈，雙臂及手指伸直。雙手併攏，用兩手中指尖去觸尺子，直到不能繼續下伸時為止。記錄以公分為單位。

12. 平　衡

平衡素質是指人體在運動中維持身體平衡的能力。它可以分為靜態平衡和動態平衡兩種。如果平衡能力好一些，就會避免一些運動傷害事故，少年兒童時期的平衡鍛鍊影響著人的一生。

【直線行進】

鍛鍊價值：發展平衡能力。

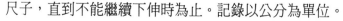

　　場地器材：在地上畫一20公分寬的直線，長大約5公尺。

　　參加對象：6～13歲孩子及其父母。

　　練習方法：雙臂側平舉，向前走。要求走時不能晃動。

【木板行進】

　　鍛鍊價值：提高平衡能力。

　　場地器材：戶外馬路牙子。

　　參加對象：6～13歲孩子及其父母。

　　練習方法：如同走平衡木練習，向前行進；熟練後做向後練習；最後閉眼練習。

【金雞獨立】

　　鍛鍊價值：提高平衡能力。

　　參加對象：6～13歲孩子及其父母。

　　練習方法：一腳放於另一腿膝上，雙手放在髖部，試圖保持這個姿勢 15 秒鐘，然後換腿做。雙臂放在任何位置，如側平舉或頭上等。然後閉眼進行練習，每次 15 秒鐘，身體不出現晃動。

【燕式平衡】

　　鍛鍊價值：提高平衡能力。

　　參加對象：6～13 歲孩子及其父母。

　　練習方法：一腿支撐，另一腿後舉，支撐腿一側的手前舉，另一手後舉。

【牽牛花】

鍛鍊價值：提高平衡能力。

場地器材：毽子 1 個。

參加對象：6～13 歲孩子及其父母。

練習方法：隨意站立，頭上放一個小毽子，雙臂側平舉。看誰站的時間長，毽子掉下，就算失敗。

注意事項：可以走動，只要毽子不掉下就可。

【蹲、立】

鍛鍊價值：提高平衡能力；發展下肢力量。

參加對象：11～13 歲孩子及其父母。

練習方法：兩人面對面站立，一人一手握同伴同側踝關節，使其下蹲。練習初期也可扶物進行練習；逐漸鬆手進行練習。

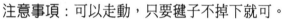

13. 平衡素質測評

【鶴　立】

測試目的：測試少年兒童的身體平衡能力。

場地器材：碼錶或手錶，較平整的空地。

測量方法：單腿站立，保持這個姿勢 5 秒鐘。然後以腳掌為軸向右轉180°，站 5 秒鐘後，向右轉大於 180°回到開始姿勢。保持姿勢站 5 秒鐘，然後向左轉兩個 180°，如果能夠向任一方向轉 4～5 圈，可試著閉眼進行練習。聽到「開始」口令後，提起支撐腿的腳後跟，用前腳掌支撐，維持身體平衡。

記錄方法：記錄所能堅持的時間。

表1　鶴立評價標準

等級	優	良	一般	差
站立時間（秒）	60 以上	40～59	25～39	24 以下

14. 協調性

協調性是指人做簡單和複雜動作的能力。速度、準確度、節奏、流暢和做動作的經濟性都是協調性評價中非常重要的因素。主要體現在三個方面：準確地完成簡單和複

雜的動作；盡可能快地或在適當的時機裏完成動作；盡可能快地準確地完成簡單和複雜技能，或在一個連續變換的環境裏完成動作。

 項目策劃

【傳接球】

鍛鍊價值：提高眼——手——身體協調性。

場地器材：高 40～60 公分木凳 1 個。

參加對象：10～13 歲孩子及其父母。

練習方法：從不同的角度扔網球，做墊上跳上跳下接球，並將球擲回。

【左右手擲網球】

鍛鍊價值：提高眼——手——身體協調性。

場地器材：軟網球 1 個。

參加對象：6～9 歲孩子及其父母。

練習方法：兩人面對面站立，相距 3 公尺，每人手持一個網球，低手擲球，開始時相互用右手擲球，然後換到左手，然後，再用右手將球擲向同伴左手，然後用左手將球擲向同伴右手，如果做得很好，兩人可相距再遠一些。

【交叉側向腦部體操活動】

鍛鍊價值：提高身體協調性練習。

參加對象：6～9 歲孩子及其父母。

練習方法：右腦控制身體左側運動時，左腦控制身體右側運動。

【托球蛇形跑】

鍛鍊價值：提高協調性。

場地器材：小旗桿 5 根，每根間距 2 公尺，乒乓球拍和乒乓球各 1 個。

參加對象：6～13 歲孩子及其父母。

練習方法：

（1）手持乒乓球拍托球做蛇形跑；

（2）借助家裏用具進行練習。

【戶外繞樹蛇形跑】

鍛鍊價值：提高練習興趣和協調性。

場地器材：找一個樹林。

參加對象：6～13 歲孩子及其父母。

練習方法：如果到戶外去玩耍，可以借助樹木進行協調性練習。

【立臥撐跳】

鍛鍊價值：提高身體協調性。

參加對象：9～13 歲孩子及其父母。

練習方法：由蹲立開始，雙腿後伸成俯撐，雙腿再收回向上跳。

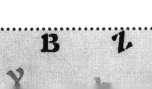

眼——手——身體協調性是指手、腳、身體和其他肌肉對由眼睛收集到的信息的反應。

方法七：運動技能訓練

運動技能是指按一定的技術要求完成動作的能力。少年兒童只有具備了一定的運動技能，才能適應未來生存需要。基於少年兒童的解剖、生理和心理發展特點，從少年兒童必備的最基本運動技能入手，下面介紹一些適合於少年兒童生長發育特點的運動技能（前面已有的練習，本節省略）。另外，根據家庭體育的特點和社區可能有的體育設施，介紹一些日常在戶外可以進行的簡單體育運動，以供讀者選用。

體　操

體操運動是人的基本活動之一。進行體操練習，能夠提高少年兒童的基本運動能力、節奏感、空間感和身體素質，從而可以進行勇敢性、克服困難、吃苦耐勞、互相幫助和團結協作等精神的訓練。透過體操練習，可以使少年兒童瞭解以下內容。

姿勢變化的概念：如包括寬、窄、直立、團身、屈體。

空間概念：包括高、中、低水準；前、後和側面；直線、曲線和「Ｚ」字形。

力量、速度變換的概念：包括用力和稍用力、快慢速度、直接和間接利用空間、跳躍和隨意運動。

相關概念：超過、低於、接近、旁邊等。

項目策劃

【滾　動】

鍛鍊價值：提高滾翻、平衡能力和前庭機能。

場地器材：小球 1 個。

參加對象：6～13 歲孩子及其父母。

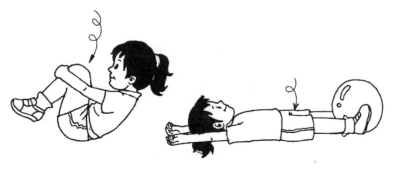

練習方法：

（1）屈膝團身前後滾動；

（2）腳夾球，左右滾動。

【支 撐】

鍛鍊價值：發展上肢力量，提高支撐能力。

場地器材：桌子2張、雙槓1副、低矮支撐物1個。

參加對象：9～13歲孩子及其父母。

練習方法：

（1）雙手支撐桌子，逐漸加大動作幅度；

（2）兩人單手擊掌；

（3）一手支撐，一手拍球；

（4）腳放在支撐物上俯臥撐或移動繞圈；

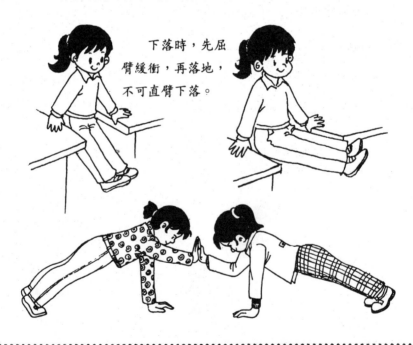

下落時，先屈臂緩衝，再落地，不可直臂下落。

（5）雙槓臂屈伸；

（6）雙手支撐左右移動或繞圈；

（7）單臂側撐或單臂側撐轉圈。

【支撐行進】

鍛鍊價值：發展上肢力量，
提高支撐能力。

場地器材：單槓或雙槓各 1 副。

參加對象：9～13 歲孩子及其父母。

練習方法：

（1）雙手撐於單槓，雙臂伸直，向一側移動；

（2）雙手撐於雙槓向前直臂行進。

【懸　垂】

鍛鍊價值：發展懸垂能力，增強上肢力量；提高協調性。

場地器材：低單槓1副。

參加對象：9～13歲孩子及其父母。

練習方法：

（1）雙手正握單槓懸垂；

（2）懸垂擺動。

（1）9歲以下的孩子練習的時間要短；

（2）落地後，才可鬆手。

【舉腿繞椅】

鍛鍊價值：發展上肢和腹肌力量。

場地器材：椅子 1 把。

參加對象：9～13 歲孩子及其父母。

練習方法：

（1）坐在地上，雙腿分開至椅子兩側，面向椅子，雙手體後撐，雙腿做裏合——外擺；

（2）坐在地上，雙手體後支撐，雙腿從一側向另一側繞，然後再沿原路返回。

小籃球

籃球運動有利於少年兒童的身心健康，提高少年兒童的彈跳力、身體對抗能力和反應速度，提高團隊意識，增強集體榮譽感。低年級的小籃球練習應在遊戲練習的基礎上，以熟悉球性為主；高年級要適當地增加一些籃球技術練習。整個小學階段應以提高反應能力、識別方向、注意力轉換和空間感為主。透過小籃球練習，可以使少年兒童瞭解**拍球、運球、傳球、滾球和對抗等概念**。

【地滾球】

鍛鍊價值：提高手控球能力。

場地器材：籃球 1 個。

參加對象：9～13 歲孩子及其父母。

練習方法：體前屈，單手左右拉球。

【看誰先到終點】

鍛鍊價值：提高拋球能力和速度素質。

場地器材：小球 2 個以上，畫一條標有起點、終點的長 50～100 公尺的直線。

參加對象：9～13 歲孩子及其父母。

練習方法：站在起點、下蹲，聽到「開始」口令後，將球沿地滾出，隨即向前跑出，看誰先到終點。

【高低拍球】

鍛鍊價值：體會高低變換，提高拍球能力。

場地器材：籃球 1 個。

參加對象：9～13 歲孩子及其父母。

練習方法：

（1）原地的高低拍球；

（2）行進間的高低拍球。

【面對面拍球】

鍛鍊價值：提高拍球能力和團結協作精神。

場地器材：小籃球 2 個。

參加對象：6～10 歲孩子及其父母。

練習方法：

（1）1 個球練習；

（2）2 個球練習。

【計時拍球】

鍛鍊價值：鍛鍊拍球和控制球的能力。

場地器材：小球 1 個、碼錶 1 塊。

參加對象：6～11 歲孩子及其父母。

練習方法：做 10 秒鐘右手和左手快速拍球，拍球高度在膝關節以上，比較兩手拍球相差次數。

【傳接球】

鍛鍊價值：提高變換方向的能力和團結協作的精神。

場地器材：小籃球 1 個。

參加對象：9～13 歲孩子及其父母。

練習方法：

（1）兩人頭上、胯下傳球；

（2）兩人左右轉傳球。

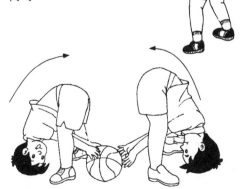

【躲　閃】

鍛鍊價值：提高控球和躲閃能力。

場地器材：小籃球 1 個。

參加對象：9～13 歲孩子及其父母。

練習方法：一人持球，一人打球；熟練後，兩人同時運球，看誰的球不被對手打掉。

【跳傳球】

鍛鍊價值：提高傳球能力和彈跳力。

場地器材：小籃球 1 個。

參加對象：9～13 歲孩子及其父母。

練習方法：向上跳同時將球傳給同伴，同伴接球後再
向上跳，將球傳回。

【持重物賽跑】

鍛鍊價值：發展跑的能力。

場地器材：小籃球、書、小水桶都備齊。

參加對象：6～10歲孩子及其父母。

練習方法：

（1）將球扛在肩上，聽到「開始」口令後，向前跑50公尺，看誰先到終點；

（2）將書拿在手裏，聽到「開始」口令後，向前跑50公尺，看誰先到終點；

（3）手持裝有水的小水桶，聽到「開始」口令後，向前跑50公尺，看誰先到終點。

要求：桶裏的水不能灑出來。

標準籃球場地為一塊長28公尺，寬15公尺的長方形平地。

軟式排球

軟式排球具有輕、柔、軟、免沖氣的特點，重量比硬排球輕，手感柔軟，練習時不會出現手臂紅腫疼痛的感覺，消除了孩子怕傷手的恐懼感，增加了少年兒童的練習興趣。進行軟式排球練習，可以滿足少年兒童生長發育的需要，達到增強體質的目的。透過軟式排球練習，使少年兒童**瞭解傳球、拋接球、墊球的概念。**

 項目策劃

【拋接球】

鍛鍊價值：提高拋接球能力和判斷力。

場地器材：軟式排球 1 個。

參加對象：6～13 歲孩子及其父母。

練習方法：

（1）原地向上拋接；

（2）拋球頭上擊掌接球；

（3）拋球腿下擊掌接球（擊一次掌、擊兩次掌、擊三次掌）；

（4）拋球轉圈一周接球；

（5）半蹲頭上左右拋接球；

（6）一人拋球，一人接球（可採用前、後、左、右移動）。

【墊　球】

鍛鍊價值：提高墊球能力、判斷力和移動能力。

場地器材：軟式排球 1 個。

參加對象：6～13 歲孩子及其父母。

練習方法：

（1）原地向上墊球；

（2）一人拋球，一人墊球（先原地拋球，後左右拋球）；

（3）兩人對墊球。

【傳　球】

鍛鍊價值：提高墊球能力、判斷力和移動能力。

場地器材：軟式排球1個。

參加對象：9～13歲孩子及其父母。

練習方法：

（1）一人拋球，一人傳球；

（2）對牆傳球；

（3）兩人面對面傳球；

（4）變換方向傳球。

4.足　球

　　足球運動可以提高少年兒童的身體素質，促進他們健康成長，培養他們的競爭意識、合作精神和堅強毅力。開展足球遊戲活動就是要少年兒童「玩起來」，由遊戲性的愉悅身心的足球活動，感受足球的魅力，充分激發他們對足球活動和體育運動的興趣及積極參與的熱情，讓少年兒童從小培養現代足球文化理念。透過足球練習，使少年兒童學會**傳球、運球和停球**。

項目策劃

【熟悉球性】

鍛鍊價值：提高腳的運動能力，熟悉球性。

場地器材：足球1個（1～3年級用小足球）。

參加對象：6～13歲孩子及其父母。

練習方法：腳、膝顛球。

【傳　球】

鍛鍊價值：提高傳球能力和變換方向能力。

場地器材：小足球 1 個。

參加對象：6～13 歲孩子及其父母。

練習方法：直線、斜線、繞障礙運球。

【運　球】

鍛鍊價值：提高運球和變換方向的能力。

場地器材：小足球 1 個。

參加對象：6～13 歲孩子及其父母。

練習方法：

（1）自由運球；

（2）直線、斜線運球；

（3）繞障礙運球，在直線上每隔 2 公尺，放一塊海綿，共 8 塊海綿，依次運球繞過每塊海綿。

【按手勢變向運球】

鍛鍊價值：提高運球和變換方向的能力。

場地器材：小足球 1 個。

參加對象：6～13 歲孩子及其父母。

　　練習方法：兩人一組，一人在前面做向前、後、左、右的手勢，另一人根據手勢向不同方向運球。

【按信號做變速運球】

　　鍛鍊價值：提高運球能力和變換方向的能力。

　　場地器材：小足球1個、口哨1個。

　　參加對象：6～13歲孩子及其父母。

　　練習方法：一人運球，一人吹口哨。吹1聲，向前正常速度運球；吹2聲，快速運球；吹3聲，慢速隨意運球。

【停　球】

　　鍛鍊價值：提高停球能力。

　　場地器材：小足球1個。

　　參加對象：6～13歲孩子及其父母。

　　練習方法：

　　（1）兩人一球，相距5公尺，一人用手拋地滾球、空中球，另一人停球；

　　（2）對牆做踢球練習，將彈回的球用各種方法將球停住；

（3）兩人面對面，相距 5 公尺以上，做傳球、停球練習。

停球是有意識地用身體合法部位把各種來球停接在自己的控制範圍，以便能更好地銜接傳球、運球或射門。

5. 羽毛球

羽毛球運動能促進少年兒童生長發育、提高身體機能。培養少年兒童自信、勇敢、果斷等優良的心理素質。培養團結協作精神，進行意志品質教育。透過羽毛球運動，使少年兒童瞭解**羽毛球、羽毛球拍、挑球、擊球和移動方法、上網步法等**。

【顛　球】

鍛鍊價值：提高控球能力和判斷力。

場地器材：羽毛球 1 個、球拍 1 支。

參加對象：6～13 歲孩子及其父母。

練習方法：把球放在球拍上，輕輕地向上顛球，不要讓球落在地上。

【看誰挑得多】

鍛鍊價值：提高控制球的能力和手感。

場地器材：羽毛球 2 個、羽毛

球拍 2 支。

　　參加對象：6～13 歲孩子及
其父母。

　　練習方法：

　　　（1）原地向上挑球；

　　　（2）行進間向上挑球；

　　　（3）兩人互相挑球。

【看誰接的球多】

　　鍛鍊價值：提高變換方向的
能力，提高反應速度。

　　場地器材：羽毛球 10 個、
半場羽毛球場地。

　　參加對象：6～13 歲孩子及其父母。

練習方法：

（1）一人站在前發球線處，向場地兩側擲球；另兩人站在中場稍靠後地方，向左右移動接球；

（2）一人站在中場，向場地四角擲球；另四人站在擲球人的邊上，判斷球的方向移動接球。

【接　球】

鍛鍊價值：培養控球能力、判斷力。

場地器材：羽毛球拍 1 支、羽毛球 1 個。

參加對象：9～13 歲孩子及其父母。

練習方法：把球打向遠處，自己再跑過去接住球。

【三角傳球】

鍛鍊價值：培養控球能力和判斷力。

場地器材：羽毛球拍 3 支、羽毛球 1 個。

參加對象：9～13 歲孩子及其父母。

練習方法：三人站成三角形，按順序用球拍傳球，可採用正、反手傳球，也可變換方向傳球。

【正反手對牆擊球】

鍛鍊價值：培養控球能力、判斷力和擊球能力。

場地器材：羽毛球拍 1 支、羽毛球 1 個。

參加對象：9～13 歲孩子及其父母。

練習方法：用正、反手對牆擊球。

【一拋一擊】

鍛鍊價值：提高判斷力和擊球能力。

場地器材：羽毛球拍 1 支、球 10 個。

參加對象：9～13 歲孩子及其父母。

練習方法：兩人相距 2 公尺，一人拋球，一人擊球。

6. 跳　繩

　　跳繩是一項複雜的、內涵豐富的綜合性活動，對於少年兒童的各方面發展都有諸多益處。促進多種智慧發展；培養審美素質；發展創新才能；培養健康情感。透過跳繩練習，使少年兒童學會單腳跳、雙腳跳、變換姿勢跳；單人、雙人、多人跳。

【變換姿勢跳】

鍛鍊價值：提高彈跳力、耐力和協調性。

場地器材：戶外，短繩 1 根。

參加對象：6～13 歲孩子及其父母。

練習方法：

（1）直立正搖、反搖、編花和雙搖跳；

（2）半蹲正搖、反搖跳；

（3）半蹲向前、後、左、右跳。

【兩折繩跳】

鍛鍊價值：發展下肢力量。

場地器材：短繩1根。

參加對象：9～13 歲孩子及其父母。

練習方法：一手持繩，由前向後擺動至腳下時，雙腳向上跳過繩，繩順勢向前繞。練習初期可採用單腳依次跳過，逐漸過渡到雙腳跳過。

【平衡練習】

鍛鍊價值：提高平衡能力。

場地器材：戶外，短繩 1 根。

參加對象：8～13 歲孩子及其父母。

動作幅度由小到大，注意安全。

練習方法：雙手持繩兩端，一腳支撐，一腳蹬踏繩，做後舉腿的平衡（燕式平衡）、側身平衡練習。

【雙人跳】

鍛鍊價值：提高團結協作的精神；發展耐力和下肢力量。

場地器材：戶外，短繩 1 根。

參加對象：9～13 歲孩子及其父母。

練習方法：兩人採用並列跳、前後跳、一手搖繩一人跳。

【多人跳繩（指三人以上的跳繩）】

鍛鍊價值：提高互相幫助、團結協作的精神；發展耐力和下肢力量。

場地器材：戶外，長繩1根。

參加對象：9～13歲孩子及其父母。

練習方法：兩人搖繩一人跳、兩人搖繩多人跳、四人搖繩一人跳等。

【踢毽子】

　　鍛鍊價值：培養團結協作精神，提高判斷能力。

　　場地器材：戶外，毽子 1 個。

　　參加對象：9～13 歲孩子及其父母。

　　練習方法：單人踢（單腳、雙腳）、兩人面對面踢、三人或多人變方向踢。

　　可採用腳內側、腳外側；磕踢。

方法八：有益身心的戶外運動

　　戶外運動對孩子身心都很有益處。它不僅能健身，而且也能欣賞大自然，適當地放鬆孩子的緊張心情，提高孩

子的適應能力和生存能力，提高環保意識；可以提高心肺功能，增強孩子的力量；培養孩子的頑強毅力。

1. 自行車

自行車運動是一項非常好的戶外運動。騎自行車不但可以減肥，而且還可使身材勻稱；增強心肺功能，加強腿部力量；欣賞自然風光，使人心情愉快。透過自行車運動，使少年兒童瞭解：**戶外運動的安全注意事項、騎自行車的方法。**

【自行車的選擇】

（1）不要選擇太便宜的自行車，一定要保證沒有機械問題，每個部件的功能正常；

（2）尺寸要適合於少年兒童，尺寸過大，孩子的腳不能著地，手遠離把手；太小，做屈膝運動，容易引起膝關節疼，腿很快疲勞。

車座的高度：孩子坐到車上後，雙腳可以平放在地上。

【頭盔的戴法】

自行車練習方法多種多樣，但對於少年兒童來說，只要學過騎行就可，根據體能、場地狀況採取慢騎、快騎都可。如果為了發展耐力、下肢力量，提高少年兒童的意志品質，還可採用上坡騎行的方式。

正確戴頭盔的方法

不正確戴頭盔的方法

 注意事項

（1）練習初期要與大人一起騎行；

（2）過馬路時要左、右、前、後看，從有信號燈的交叉路口過馬路，讓機動車先過；

（3）學會用眼睛與機動車司機交流。

2. 游　泳

游泳是一項人體在水的特定環境中進行的運動，深受少年兒童的喜愛。堅持游泳鍛鍊，能使心血管系統、呼吸系統和神經等系統功能增強；肌肉健美發達；身體素質明顯提高，同時，體溫調節機能得到改善，機體對外界氣溫變化的適應能力也有明顯的提高；培養克服困難、堅持不

懈的頑強精神和熱愛生活、珍惜環境的良好品質。透過遊戲練習，使少年兒童瞭解：水中救生、呼吸、漂浮、水中站立的方法。

【抱膝浮體】

鍛鍊價值：熟悉水性；培養團結協作、互相幫助的精神。

參加對象：6～13歲孩子及其父母。

練習方法：

（1）兩人手相拉，一人吸氣後下蹲，直立；

（2）原地站立，吸氣後下蹲閉氣潛入水中，低頭屈腿團身抱膝，直立。

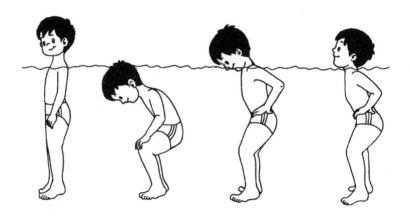

【呼　吸】

鍛鍊價值：提高水性。

參加對象：6～13 歲孩子及其父母。

練習方法：

（1）雙手相拉，一人直立，一人下蹲做憋氣練習；

（2）自己獨立完成。

【漂浮練習】

鍛鍊價值：提高水性。

參加對象：6～13 歲孩子及其父母。

練習方法：

（1）漂浮、收腿站立練習；

（2）蹬池邊向前漂浮，一人在前面伸手幫助；

（3）蹬池底向前漂浮，一人在前面伸手幫助；

（4）自己漂浮。

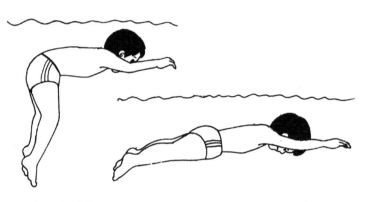

【步步遠】

鍛鍊價值：提高漂浮能力，培養勇敢精神。

場地器材：游泳池。

參加對象：6～13 歲孩子及其父母。

練習方法：由背靠池壁開始，先向前走兩步，然後向後轉，蹬池底滑行至池邊；逐漸將距離增加到三步、四步

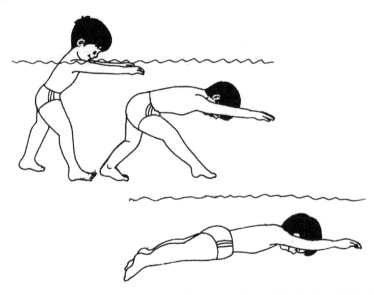

……根據兒童年齡的實際情況決定距離。

對付游泳時抽筋的方法

手指抽筋：將手握拳，再用力張開，反覆進行數次，直到抽筋消除為止。

小腿或腳趾抽筋：上池岸，用抽筋腿的同側手拉抽筋腿腳趾，抽筋腿的腳趾儘量勾起。

大腿後群肌肉抽筋：體前屈，腿伸直，手指或手掌觸地，使大腿後面肌肉拉長。

3. 溜冰運動

溜冰運動俗稱「滑旱冰」，是腳蹬四輪特製鞋在堅實平坦的地面上滑行的運動。經常從事這項活動，可以鍛鍊身體的協調性、靈敏性和平衡能力，提高心肺功能，培養勇敢頑強、吃苦耐勞的精神，調節精神、提高對自然界的適應能力。透過溜冰運動，使少年兒童**瞭解滑行、停止、摔倒等方法和安全注意事項**。

【溜冰用具】

（1）溜冰鞋

包括單排輪溜冰鞋和雙排輪溜冰鞋兩大類。選擇溜冰鞋時，要與自己的腳長相當，不能太大，也不宜過緊。輪子盡可能選擇耐磨、耐熱的聚合物材料，軸承滑度（輪子轉動時間越長）越大越好。

（2）頭 盔

高強度、流線型的堅硬外殼並有許多條形孔，其厚度

不少於 1.5 毫米，頭盔內墊有泡沫海綿。選擇頭盔時，要戴在頭上試一試，不能過緊，也不能過鬆，再看海綿是否柔軟、外殼是否夠厚度。

（3）護　具

護肘、護腕、護膝。護具多採用多層結構，從內向外分別是海綿、皮革、堅硬的塑膠外殼。選擇護具時，其大小、長短、寬窄應與身體相匹配。

【安全注意事項】

（1）做好「熱身運動」。除了做慢滑行外，還要做至少5～10分鐘的伸展韌帶、髖、膝和踝關節的體操。

（2）戴好防護裝備。防止摔倒受傷，特別是孩子在玩溜冰時更要戴好護具。

（3）選擇安全的場地。不要在車道、過往行人很多的地方玩溜冰，要選擇比較平坦的地面，坑窪不平、有斜坡、有積水、油污發黏的地面都不適溜冰。

（4）正處在生長發育重要階段的少年兒童，玩溜冰時間不宜過長，每天進行溜冰的時間最好在 50 分鐘以內，以免因局部負擔過重，發生勞損，甚至影響到骨骼的正常發育，導致下肢骨的彎曲、變形等。

【自我保護摔倒法】

身體前傾，跪下，身體前俯，以護掌觸地向前滑出，並讓身體同時伸展出去，然後完全撲倒在地，經過這一連串的動作後，跌倒時的撞擊力會完全分散，不至於使單一部位

承受太多、太重的傷害。

【自我保護方法】

在滑行過程中，如果向前或向側摔倒時，應屈膝下蹲，用雙手撐地，減輕摔倒的力量；如果向後摔倒，要屈膝下蹲，順勢倒下，使臀部先著地，並低頭團身以免摔傷頭部。

【停止方法】

正中切法是很容易掌握的一種方法，即雙腳平行，把有煞車器的那一腳向前推出，腳尖微向上，讓煞車器磨到地面就可以了，將煞車器愈用力的壓向地面，就可以愈快停下來了。記住重心一定要放低，保持在雙腳中間，不可以太前或太後。

【雙腳滑行】

鍛鍊價值：提高平衡能力、下肢力量和協調性；培養勇敢精神。

場地器材：溜冰鞋和安全裝備，戶外空曠的場地。

參加對象：6～13歲孩子及其父母。

練習方法：雙腳滑行。

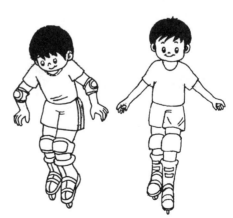

【單腳滑行】

鍛鍊價值：提高平

衡能力、下肢力量和協調性；培養勇敢精神。

參加對象：6～13 歲孩子及其父母。

練習方法：

（1）單腳滑行；

（2）一腿後舉，另一腳單腳滑行。

【直線滑行】

鍛鍊價值：提高平衡能力、下肢力量和協調性；培養勇敢精神。

場地器材：在地上畫一直線；溜冰鞋和安全裝備，戶外空曠的場地。

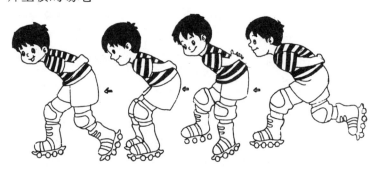

　　參加對象：6～13 歲孩子及其父母。

　　練習方法：沿直線滑行。

【斜線滑行】

　　鍛鍊價值：提高平衡能力、下肢力量和協調性；培養勇敢精神。

　　場地器材：地上畫「之」字線，溜冰鞋和安全裝備，戶外空曠的場地。

　　參加對象：6～13 歲孩子及其父母。

　　練習方法：沿「之」字線滑行。

【繞圓滑行】

　　鍛鍊價值：提高平衡能力、下肢力量和協調性；培養勇敢精神。

　　場地器材：地上畫一直徑為 5 公尺的圓，溜冰鞋和安全裝備，戶外空曠的場地。

　　參加對象：6～13 歲孩子及其父母。

練習方法：沿圓滑行。

 小資料

　　單排輪溜冰鞋：其質地由塑膠外殼和海綿襯襪組成，鞋底部裝有底板、夾輪板、軸承、輪子和制動器。其特點是支點窄而長，可在粗糙地面滑行；對踝關節的力量要求較高。

　　雙排輪溜冰鞋：其質地由皮革製成，鞋梆較高，鞋底部由底板、馬腳、軸承、輪子和制動器組成。其特點是支點較寬，容易控制身體重心；對踝關節有固定作用，但做內翻動作時踝關節的力量發揮受到限制；對地面平整度要求較高。

從小塑造良好的

體　形

快樂減肥；孩子的身體健康比體形更重要，安全的減肥方式是運動。

營養過剩、活動空間減少、看電視、看書等過多的室內娛樂，使孩子越來越遠離運動場，少年兒童缺少必要的運動已經成為不可爭的事實。脂肪過早地堆積從而形成肥胖症，這給處於身心發育階段的少年兒童帶來了大量的負面影響，現在已經成為影響少年兒童健康的主要問題之一。

1. 導致少年兒童肥胖的原因

經調查發現，導致少年兒童肥胖的主要原因有以下幾點：

（1）吃得太好，熱量超標：肉食多，粗糧少。

（2）運動少：這體現在足不出戶；家長買私家車，每天接送孩子上學、放學；不讓孩子做家務。

（3）坐的時間多：看電視、玩遊戲的時間太多。

 專家建議

- 保持體形的幾點建議：
- 減少軟包裝飲料和其他的含糖飲料。
- 減少看電視、玩電腦的時間。
- 增加水果和蔬菜。
- 增加積極性活動。
- 增加與家人進餐的時間。

2. 肥胖的負面影響

（1）**身體上**：容易發展為肥胖、高血脂、脂肪肝等成年病。

（2）**心理上**：由於身體形象不好，精神不振，自尊心受傷害。

（3）**社會影響**：容易使人關注，增加肥胖人群。

3. 控制體重的幾種方法

控制體重的方法主要有控制飲食、體育活動、藥物治療、行為治療和手術治療。

【調整飲食，均衡膳食】

（1）養成吃的好習慣。

保證一日三餐，不要減少飲食次數；養成清淡飲食的習慣。魚宜清蒸，不宜油炸、紅燒；多吃蔬菜，尤其是涼菜，清淡、體積大、營養損失少。

炒菜時儘量少油、少鹽；培養慢食習慣：進食 20 分鐘以上，飽食感會提前到來。

（2）保證飲食中有足夠維持生長發育所需的蛋白質、維生素、礦物質和微量元素。

動物性食品如魚、肉、蛋、奶含優質蛋白質。牛奶是所有少年兒童必需的食物，無論多胖，天天都要喝牛奶。奶不僅含有豐富的蛋白質，更重要的是提供鈣。對於肥胖患兒，建議學齡兒童喝脫脂奶。豆類食品（黃豆、青豆等）和豆製品（豆腐、豆腐絲等）也富含蛋白質和鈣，需經常食用；蔬菜是最好的減肥食品，胖孩子餐餐都要有蔬菜，薯類食品應做主食；水果應選西瓜、蘋果、梨、橘等低糖水果，少吃香蕉、荔枝、葡萄和桂圓等高糖水果。

（1）對肥胖少年兒童的治療，原則上應當是控制體

重，而不是單純「減肥」。如果少年兒童身高增長而體重沒有相應增加，這就已經達到對肥胖的治療效果。

（2）對少年兒童減肥不能強求「快速」，快速減肥影響少年兒童的生長發育，以犧牲健康為代價是不可取的方法。同樣，也不能採用饑餓療法，每餐只吃蔬菜、水果而不吃其他主副食，這樣的方式是有害的，尤其是少女更不應這樣做。

（3）無論哪種減肥藥物都有一定的毒副作用，生理功能還未發育完善的少年兒童應當杜絕使用，手術減肥就更不合適了。

4. 運動減肥科學

（1）定期進行體育活動，每週至少鍛鍊兩次；

（2）每天進行 30 分鐘的體育鍛鍊，這樣可降低得慢性病的風險；

（3）為了降體重，每天進行 60～90 分鐘的中等強度的運動，如可採用步行或騎車到學校，代替乘車。

運動減肥應當採用適宜的耐力運動，用便於實行和堅持的長時間減肥運動來進行。運動在開始時可以每天半小時，逐漸過渡到每天 1 小時，運動應安排在吃飯後的半小時之後，每週不少於 5 次。

每次運動後應該微微見汗但沒有心跳過速和過度疲勞感為宜。像比散步強度大一些的健步運動和消耗能量更多的爬樓梯運動最適合兒童進行。

【爬樓梯】

鍛鍊價值：消耗能量，增加運動的機會。

參加對象：6～13歲體重超重孩子及其父母。

練習方法：每天堅持爬樓梯30分鐘，不要求速度。從小運動量開始，逐步達到要求。

【慢跑】（快走、爬山、游泳、跳舞、跳健身操、騎自行車）

鍛鍊價值：減肥，提高有氧運動能力。

參加對象：6～13歲體重超重孩子及其父母。

練習方法：每天堅持慢跑40分鐘以上。

現代教育的四大支柱：
學會認知、學會做事、學會
共同生活、學會生存。

提高運動安全意識

掌握防護常識

體育活動是提高孩子健康、身體能力的一種極好的方式，但是鍛鍊總是與受傷風險並存。事實上，如果按照運動安全要求去進行運動，孩子受傷的概率會非常小的，因為，他們進行的運動多數是沒有什麼危險的，但這並不是不重視嚴重的體育傷害事故。

有學者認為參加有組織的體育活動受傷的概率要低於無組織的體育活動。有時，傷害事故與陳舊的體育設備，沒有進行設備維修有關。這並不是說父母要禁止孩子的體育活動。事實上，進行無組織的體育活動與有組織的體育活動一樣有一定的正效果。

安全是一切活動的基礎，沒有安全就無從談運動。當孩子渴望參加體育活動時，教師、教練員和父母最關心的問題是孩子的安全。近年來，由於害怕學生出事故，許多學校把本來應該是孩子生長階段必須掌握的基本技能練習的課程取消，教師因害怕出事故，將很多練習取消，可謂是傷害事故讓教師、家長和孩子逃離了體育活動，形成寧可坐著等死，也不願意鍛鍊死的想法。

常識一：運動必做五件事

從教育角度來說，作為教師、家長，不能因為害怕出事故就不讓孩子參加運動，而應讓孩子瞭解運動傷害事故的預防方法，提高安全意識，讓孩子掌握自我保護的方法，讓孩子明白只要懂得運動安全常識，安全操作，就不會有太大的危險。

要培養孩子的自信心，不要讓孩子做膽小鬼，要教孩

子如何擺脫困境或困難，培養孩子的勇敢精神。

1. 穿合適的衣服

在冷天裏，讓孩子穿幾層衣服，這樣當他的體溫升高時，能夠隨時減衣服。在熱天，讓他穿薄、淺色衣服，不要忘記防曬。

襪子和鞋子也很重要。孩子的鞋要適合於他的活動，不同的鞋適合不同的運動。

2. 穿戴保護裝置

適當的設備可以減少傷害事故的發生。確保孩子已經穿戴上合適的保護裝置。包括頭盔、護眼鏡、脛骨防護裝置、胸部保護設備、膝和肘墊。

3. 飲　水

在開始運動前 15 分鐘，讓孩子喝上一杯水。如果他們是在太熱的環境下運動，他們應該喝大杯水，在活動期間每隔 20 分鐘喝微溫的水。缺水容易引起脫水。可能的脫水信號包括噁心和無力。如果忽略這些信號，身體將會走向熱耗竭和熱窒息。

劇烈運動後，孩子一般喜歡吃冷食或喝冷飲，這將刺激胃腸的血管突然收縮，引起功能紊亂；同時會刺激喉部，產生發炎、發痛、發啞的不適感覺。劇烈運動後也不宜大量飲水，大量飲水將影響恢復的過程，還會給身體帶來一定的危害。

4. 準備活動

準備活動是活動肌肉、韌帶、肌腱關節，調動心臟功能，使它們適應於緊接著要進行的運動。孩子的準備活動可以簡單一些，如慢跑一下，緩慢地、輕輕地做幾分鐘與

運動有關的伸展體操就可。

5. 整理活動

整理活動是在運動後所做的放鬆運動。在停止運動前，給孩子幾分鐘做放鬆活動的時間，使其心率逐漸恢復到運動前。

切記：運動後，不要立即把孩子帶入冷的空調房裏；給他冰水；洗澡要等孩子的汗沒有了再進行。

常識二：常見運動傷害事故處理

美國兒科協會（AAP）曾在兒科雜誌上發表的一篇文章中認為：過早地從事某一項體育運動可能會對未成年的兒童造成某種傷害，其中包括：疲勞性骨折、月經失調、疲勞過度、飲食功能失調以及情感壓抑等問題。因此，專家認為應當鼓勵兒童參加多種體育活動，而不要寄希望於在少年時代就創造某些體育項目的奇跡。

肌肉拉傷

肌肉拉傷是肌肉在運動中急劇收縮或過度牽拉引起的損傷。

症狀：肌肉拉傷後，拉傷部位劇痛，用手可摸到肌肉緊張形成的索條狀硬塊，觸疼明顯，局部腫脹或皮下出血，活動明顯受到限制。

處理方法：肌肉拉傷後，要立即進行冷處理──用冷

水沖局部或用毛巾包裹冰塊冷敷，然後用繃帶適當用力包裹損傷部位，防止腫脹。在放鬆損傷部位肌肉並抬高傷肢的同時，可服用一些止疼、止血類藥物。24～48小時後拆除包紮。根據傷情，可外貼活血和消腫脹膏藥，可適當熱敷或用較輕的手法對損傷局部進行按摩。

　　肌肉拉傷嚴重者，如將肌腹或肌腱拉斷者，應抓緊時間去醫院做手術縫合。

肌肉痙攣

　　肌肉發生不由自主的強直性收縮，就是肌肉痙攣，俗稱「抽筋」。在運動中發生肌肉痙攣多見於小腿腓腸肌，其次為屈肌、屈趾肌和屈指肌。

　　症狀：肌肉痙攣時，局部變硬，疼痛難忍，指、趾不由自主地屈曲，難以伸直。

　　處理方法：

　　（1）腓腸肌痙攣：伸直膝關節，用力伸足背；游泳中發生腓腸肌痙攣時，先吸一口氣，仰浮於水面，用抽筋肢體對側的手握住抽筋肢體的足趾，用力向身體方向拉，同時用同側的手掌壓在抽筋肢體的膝蓋上，幫助膝伸直，即可緩解。如果事先沒有掌握這個方法，要立即呼救。

　　（2）屈拇肌和屈趾肌痙攣：用力扳足和足趾。

脛骨疼痛（脛骨疲勞性骨膜炎）

　　脛骨疼痛多數病例僅在訓練或較大的運動量訓練後疼痛。個別病例在運動中疼痛或夜間痛。

　　症狀：

（1）局部可凹性水腫：壓痛點一般都與肌肉附著點無明顯關係。

（2）後蹬痛：患者用患側足尖用力向後蹬地時，脛骨即發生疼痛。而用一般的抗阻力試驗（趾及踝關節屈肌跖屈抗阻時）不發生疼痛。因此，後蹬痛應列為診斷此病的重要指徵。

處理方法：早期（急性期）較輕的患者，僅需要用彈力繃帶將小腿裹紮，少做下肢活動的運動項目，減少運動量。經常疼痛或運動後疼痛較重、跛行的患者，應休息並用彈力繃帶裹紮小腿，抬高患肢，用普魯卡因進行治療，促進局部血液及淋巴循環。

已有晚期骨膜下骨質增生，有局部刺激症狀，如疼痛、壓痛或運動後疼痛者，應暫時改變運動項目，並用普魯卡因或強的松龍進行局部封閉治療。

踝關節扭傷

踝關節扭傷是指踝關節韌帶損傷或斷裂的一種病症。小學、中學學齡期少兒活動量較大，發病較多。踝關節扭傷多在行走、跑步、跳躍或下樓梯、下坡時，踝跖屈位，突然向外或向內翻，外側或內側副韌帶受到強大的張力作用，致使踝關節的穩定性失去平衡與協調，而發生踝關節扭傷。

症狀：踝部明顯腫脹疼痛，不能著地，傷處有明顯壓痛、局部皮下瘀血。如外踝韌帶扭傷，則足內翻時疼痛明顯；內踝韌帶扭傷，則足外翻時疼痛明顯。如果是韌帶撕裂，則可有內外翻畸形、血腫。

處理方法：急性期 24 小時內可將踝部浸入冷水中，或用冷毛巾敷於患處，每次 10～20 分鐘，6 小時一次，可收縮血管，消腫止痛。24 小時之後則需熱敷，以促使局部血液循環加快，組織間隙的滲出液盡快吸收，從而減輕疼痛。如果韌帶損傷較重，疼痛劇烈，可用 4 公分寬的三條膠布敷貼踝部，自小腿內側下 1／3 處，三條膠條互相重疊，重疊部位的寬度約為每條膠布的一半，再圍繞小腿貼三團膠布，起固定作用，但要防止黏貼過緊，阻礙血行。外用繃帶包紮，固定 2～3 週。

韌帶完全斷裂者，足內翻角度明顯增加，半脫位時，足處於極度內翻位，這時，可在外踝下摸到空隙。此類損傷需請醫生手法復位後，用管形石膏固定傷足於 90°位和外翻位 4～6 週。反覆扭傷者多由於早期處理不當而發生關節脫位。關節脫位患者可穿包幫鞋保護踝部，並將鞋外側加高 1～1.5 公分，使足保持外翻位，防止足內翻。

中　暑

中暑是由高溫環境引起的，以體溫調節中樞功能障礙、汗腺功能衰竭、水和電解質丟失過多為特點的疾病。中暑可分為熱衰竭、日射病和熱痙攣。

症狀：

（1）**熱衰竭：**往往在高溫環境下，工作數小時後發病。高熱、無汗甚至昏迷是本病的特徵。初感頭痛、頭暈、噁心、多汗。然後體溫迅速升高，可達 40℃以上。出現嗜睡、譫妄和昏迷，皮膚乾熱、無汗、潮紅或蒼白。

（2）**日射病：**在烈日下活動或停留時間過長，由於頭

部直接受日光曝曬所致，症狀同熱射病，但體溫不一定升高，頭部溫度有時增高到 39℃ 以上。

（3）**熱痙攣**：由於在高溫環境中，身體大量出汗，丟失大量氯化鈉，使血鈉過低，引起腿部、甚至四肢及全身肌肉痙攣。

處理方法：

（1）迅速將病人移到陰涼通風的地方，解開衣扣、平臥休息。

（2）用冷水毛巾敷頭部，或用 30% 酒精擦身降溫。或將患者浸於 4℃ 水浴中，按摩四肢皮膚，隨時測量肛溫，將肛溫降至 38.5℃ 時，暫時停止降溫，轉移到 25℃ 以下的環境中，繼續觀察。如體溫有回升，應立即再用 4℃ 水擦浴，加用電扇吹風，或在頭部、腋窩、腹股溝放置冰袋以免體溫回升。喝一些淡鹽水或清涼飲料。清醒者也可服人丹、綠豆湯等。

常識三：日常安全常識

日常活動及戶外遊戲中很容易發生一些事故。在體育運動中，偶爾會出現其他傷害事故，因此，為保證孩子的身體健康和生命安全，讓孩子瞭解一些最簡單、最實用的安全知識是十分必要的。

安全知識

（1）一定要注意不要穿行運動場，以防被練習者碰倒、被球擊中、

被球拍擊中的事情發生，要養成繞場地四周進入運動場的好習慣。

（2）劃傷和較小的切口要用肥皂和溫水把傷口清洗乾淨，每天清洗一次，直到傷口完全癒合；由灰塵、泥土或者像刀之類的髒東西等引起感染的傷口，應該報告醫生。按照醫生的建議進行治療。

（3）刺傷是小的割傷和碰傷，是最常見的小外傷。如果刺傷物的一頭深入了皮膚，可以用一把鑷子夾住它，然後輕輕地把它拔出來。如果刺傷物完全在皮膚裏面，用熱水浸泡使皮膚變軟，用一根醫用酒精擦拭過的縫衣針，輕輕地用針尖把它撥開，用鑷子夾住刺傷物並拔出，接著用肥皂和水洗淨受傷的部位，然後，用乾淨的繃帶把它包紮上。

（4）凡是咬傷都應該報告給醫生，重點要放在多沖洗。為了防止感染，醫生在開始的時候，讓患者吃抗生素，也應該仔細地檢查傷口，如果出現紅、腫或者其他排出物等的感染現象，需要再去找醫生。

（5）鼻子出血，通常是安靜地坐上幾分鐘就足夠了。為了避免嚥下許多鼻血，讓孩子坐下，頭向前傾。如果孩子正躺著，把他的頭轉向一側，這樣鼻子就沖向下了，不要讓孩子搖晃鼻子或用手帕揩鼻子。鼻血通常發生在鼻子的前部。有時可以輕輕地捏住鼻子整個靠後的部分，持續5分鐘，止住嚴重的流鼻血。如果鼻血流了10分鐘，就要和醫生聯繫。

（6）對於太陽灼傷，先不要碰它，嚴重的要請醫生幫忙。為了防止太陽照射，在去海灘前，最好塗抹防曬霜，

這樣可保護皮膚。

（7）游泳出現溺水現象，需要做人工呼吸。對於成年人進行人工呼吸，要以自然的速度進行；對一個孩子，要稍微快一些、短促地吹氣。

（8）不要在雷電中進行體育鍛鍊、打手機、看電視、玩遊戲等。

（9）不要在大雨天游泳。

兒童少年的人工呼吸方法：

正確旋轉患者的頭部來打開呼吸道，把患者的前額向後傾斜，這時用手指抬起患者的下巴，對鼻子和嘴一起吹氣，用最小的壓迫力進行。在吸入一口氣的時候，讓患者的胸部能收縮，然後，再次給患者吹氣。

注意事項

不要在皮膚裏撥弄太深。如果在第一次浸泡之後，不能取出刺傷物，那就用熱水再浸泡 10 分鐘，然後再試。如果還是取不出刺傷物，就要找醫生幫助。

常識四：學習安全自衛法

1. 床單練習

床單的用途多種多樣，如遇洪水時，可將人拉上岸；發生火災時，借助床單逃生。

　　鍛鍊價值：發展上肢力量；提高火災、水災等情況下，利用床單自救的方法。

　　練習方法：

　　（1）學習打結、將兩個床單接起來的方法；

　　（2）體會打結是否牢固；

　　（3）將床單捆綁在單槓或雙槓上做懸垂練習、對抗性練習。

2. 跆拳道

　　跆拳道以其變幻莫測，優美瀟灑的腿法聞名於世，被世人稱為踢的藝術，這是跆拳道區別於其他格鬥術的一個

重要特點。跆拳道的腿法講究變化多樣和靈活多變，對人體的柔韌性，大腦反應的靈敏性，身體運動的穩定性都有很高的要求，它是對人體機能和體能的綜合考驗。

【用拳進攻】

鍛鍊價值：提高技擊能力。

參加對象：6～13歲孩子及其父母。

練習方法：右腿蹬地同時，身體快速向左前方扭轉，這時，抬肘，右前臂內旋，迅速用拳面擊打目標。

注意：擊打目標後，手臂要有制動過程，然後手臂迅速放鬆。

小資料

跆拳道實戰中腳踢進攻時一般使用的部位包括前腳掌、腳趾、腳背、足刀、腳後跟、腳跟底部。利用這些部位可以進行站立踢、跳動踢、助跑踢、轉身踢和飛踢等不同形式的踢法進攻，而且每種踢法踢擊的部位各有不同。

【橫　踢】

鍛鍊價值：提高技擊能力。

參加對象：6～13 歲孩子及其父母。

練習方法：以前腿為支撐腿旋轉 90°，後腿向前提膝，大小腿折疊，腳面繃平，然後翻胯讓身體成一平面，向前上方踢出，著力點在腳背，收腿落地還原成實戰姿勢。

【側　踢】

鍛鍊價值：提高技擊能力。

參加對象：6～13 歲孩子及其父母。

練習方法：以前腿前腳掌為軸，提起後腿大腿，腳高舉過頭，腳面稍繃直，達到最高點時快速下壓，力達腳掌，腳自然落下還原成基本姿勢。

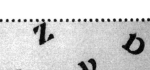

【後　踢】

鍛鍊價值：提高技擊能力。

參加對象：6～13歲孩子及其父母。

練習方法：以前腿為軸旋轉180°，轉身提膝，大小腿折疊，勾腳面，向後上方蹬踹，力達腳後跟，落腿轉身還原成實戰姿勢。

【下　劈】

鍛鍊價值：提高技擊能力。

參加對象：6～13歲孩子及其父母。

練習方法：右腳蹬地，重心前移至左腳。同時，右腿以髖關節為軸屈膝上提，雙手握拳置於胸前；隨即充分送髖，上提膝關節至胸部，右小腿以膝關節為軸向上伸直，將右腿伸直舉於體前，右腳過頭。然後，放鬆向下，以右腳後跟（或腳掌）為力點劈擊，一直到地面，成實戰姿

勢。腿的主要攻擊部位有頭頂、臉部和鎖骨。

【下阻前踢側踢反擊】

鍛鍊價值：提高技擊和防守
能力。

參加對象：6～13 歲孩子及
其父母。

練習方法：當一方出前踢進
攻時，對方用下格擋阻截，同時
當進攻方進攻腿未落地時，迅速

出橫踢反擊。注意安全，反應迅速，進攻意識明確。

【側移步閃下劈橫踢反擊】

鍛鍊價值：提高技擊和防守能力。

參加對象：6～13 歲孩子及其父母。

練習方法：當進攻方起下劈腿時，防守方用側移步閃開，並當對方下劈腿未落地時起橫踢反擊。

【上段格擋截下劈側踢反擊】

鍛鍊價值：提高技擊和防守能力。

參加對象：6～13 歲孩子及其父母。

練習方法：當進攻方起下劈腿時，防守方用上格擋擋住對方的落腿，並當對方下劈腿未落地時起橫踢反擊。

【後踢反擊橫踢】

鍛鍊價值：提高技擊和防守能力。

參加對象：6～13 歲孩子及其父母。

練習方法：當進攻方起橫踢進攻時，防守方用後腿直接反擊。

【下阻後踢反擊】

鍛鍊價值：提高技擊和防守能力。

參加對象：6～13 歲孩子及其父母。

練習方法：當進攻方起後踢時，防守方用下段格擋截，同時起側踢反擊。

附件：7～10歲兒童身高、體重測量標準及測量情況記錄表

7歲兒童身高測量標準及測量情況記錄表

性別		下等	中下等	中等	中上等	上等
城市	男	114.7公分以下	114.8～117.7公分	117.8～124.8公分	124.9～128.1公分	128.2公分以上
	女	113.9公分以下	114.0～116.7公分	116.8～123.5公分	123.6～126.8公分	126.9公分以上
鄉村	男	111.1公分以下	111.2～113.9公分	114.0～121.0公分	121.1～124.4公分	124.5公分以上
	女	109.9公分以下	110.0～113.0公分	113.1～120.1公分	120.2～123.4公分	123.5公分以上

7歲兒童體重測量標準及測量情況記錄表

性別		下等	中下等	中等	中上等	上等
城市	男	18.3公斤以下	18.4～19.5公斤	19.6～23.0公斤	23.1～24.9公斤	25.0公斤以上
	女	17.5公斤以下	17.6～18.8公斤	18.9～22.0公斤	22.1～23.8公斤	23.9公斤以上
鄉村	男	17.4公斤以下	17.5～18.6公斤	18.7～21.7公斤	21.8～23.3公斤	23.4公斤以上
	女	16.8公斤以下	16.9～17.9公斤	18.0～21.0公斤	21.1～22.6公斤	22.7公斤以上

8歲兒童身高測量標準及測量情況記錄表

性別		下　等	中下等	中　等	中上等	上　等
城市	男	118.8公分以下	118.9~122.1公分	122.2~129.5公分	129.6~132.8公分	132.9公分以上
城市	女	117.8公分以下	117.9~121.2公分	121.3~128.8公分	128.9~132.2公分	132.3公分以上
鄉村	男	115.0公分以下	115.1~118.3公分	118.4~125.7公分	125.8~129.1公分	129.2公分以上
鄉村	女	113.9公分以下	114.0~117.3公分	117.4~124.9公分	125.0~128.3公分	128.4公分以上

8歲兒童體重測量標準及測量情況記錄表

性別		下　等	中下等	中　等	中上等	上　等
城市	男	19.3公斤以下	19.4~21.2公斤	21.3~25.5公斤	25.6~27.4公斤	27.5公斤以上
城市	女	18.5公斤以下	18.6~20.4公斤	20.5~24.7公斤	24.8~26.6公斤	26.7公斤以上
鄉村	男	18.7公斤以下	18.8~20.3公斤	20.4~23.8公斤	23.9~25.4公斤	25.5公斤以上
鄉村	女	18.0公斤以下	18.1~19.6公斤	19.7~23.2公斤	23.3~24.8公斤	24.9公斤以上

9歲兒童身高測量標準及測量情況記錄表

性別	下　等	中下等	中　等	中上等	上　等
城市　男	123.9公分以下	124.0～127.4公分	127.5～137.6公分	137.7～141.7公分	141.8公分以上
城市　女	123.0公分以下	123.1～126.8公分	126.9～137.6公分	137.7～141.7公分	141.8公分以上
鄉村　男	120.2公分以下	120.3～123.5公分	123.6～134.1公分	134.2～138.1公分	138.2公分以下
鄉村　女	119.1公分以下	119.2～122.9公分	123.0～133.6公分	133.7～138.1公分	138.2公分以上

9歲兒童體重測量標準及測量情況記錄表

性別	下　等	中下等	中　等	中上等	上　等
城市　男	21.9公斤以下	22.0～23.6公斤	23.7～31.0公斤	31.1～35.6公斤	35.7公斤以上
城市　女	20.9公斤以下	21.0～22.7公斤	22.8～29.9公斤	30.0～33.5公斤	33.6公斤以上
鄉村　男	20.6公斤以下	20.7～22.1公斤	22.2～27.6公斤	27.7～30.7公斤	30.8公斤以上
鄉村　女	19.7公斤以下	19.8～21.4公斤	21.5～27.0公斤	27.1～29.9公斤	30.0公斤以上

10歲兒童身高測量標準及測量情況記錄表

性別		下　等	中下等	中　等	中上等	上　等
城市	男	128.1公分以下	128.2~131.8公分	131.9~143.2公分	143.3~147.1公分	147.2公分以上
城市	女	128.2公分以下	128.3~132.1公分	132.2~144.2公分	144.3~148.7公分	148.8公分以上
鄉村	男	124.5公分以下	124.6~128.0公分	128.1~138.9公分	139.0~143.5公分	143.6公分以上
鄉村	女	124.3公分以下	124.4~127.9公分	128.0~140.1公分	140.2~144.9公分	145.0公分以上

10歲兒童體重測量標準及測量情況記錄表

性別		下　等	中下等	中　等	中上等	上　等
城市	男	23.6公斤以下	23.7~25.8公斤	25.9~34.9公斤	35.0~40.6公斤	40.7公斤以上
城市	女	23.1公斤以下	23.2~25.2公斤	25.3~34.2公斤	34.3~39.4公斤	39.5公斤以上
鄉村	男	22.2公斤以下	22.3~24.1公斤	24.2~30.3公斤	30.4~34.3公斤	34.4公斤以上
鄉村	女	21.7公斤以下	21.8~23.6公斤	23.7~30.6公斤	30.7~34.7公斤	34.8公斤以上

參考文獻

[1] 徐愛華，秦正譽. 對肥胖的幾種估計方法. 中華醫學雜誌，1986，20（1）：386.

[2] 白秀嶺，傅秋帆，劉玉芬，等. 兒童少年肥胖的幾種判定標準比較. 中華預防醫學雜誌. 1986，20（1）：6.

[3] 李正祥，劉紹群，等. 運動心理學. 北京：人民體育出版社. 1985.

[4] 吳錫改. 論教師評定對學生心理的影響. 江西教育科研. 1996，2

[5] 裴慶先. 情感是教學產生最佳效果的保證. 教育探索. 1996，5

[6] 王曉萍. 談差生的轉化問題. 徽州師專學報. 1997，5

[7] 孟昭恒. 對兒童少年肥胖判定方法的評價. 中華預防醫學雜誌. 1998，Vol. 32（3）：185

[8] 李聚星.《健康之友》1998 年 4 月號，總第 107 期，P88–89

[9] 孟昭恒，魏博，張希林，等. 中國中小學生肥胖患病率的分級差異影響因素及三級預防策略. 中國校醫. 1999，Vol. 13（2）：97

[10] 祝蓓里，等. 體育心理學〔M〕. 上海：華東師範大學出版社，1990

[11] 楊德俊. 體育教學應重視培養學生獨立鍛鍊能力. 四川師範學院學報（哲學社會科學版）. 1994，5：137–139

[12] 馬啟偉. 體育心理學〔M〕. 北京：高等教育出版社，1996

[13] 金欽昌. 學與教的心理學〔M〕. 上海：華東師範大學出版社，1997

[14] 丁宗一，何清，樊征鴻. 城市 0～7 歲兒童單純肥胖症流行病學研究. 中華醫學雜誌，1998，78：121～123

[15] 李祥等. 健康教育學〔M〕. 桂林：廣西師範大學出版社，2000

⑯ 李習友. 素質教育與體育〔M〕. 南京：新世紀出版社，2000

⑰ 孟昭恒，杜本華. 兒童少年肥胖判定指標運用中的幾個問題. 中國校醫，2000. Vol. 12（2）：156–157

⑱ 傅根躍，陳偉偉. 小學兒童謙虛的道德評價. 心理科學，2000. Vol. 23（5）：581–585

⑲ 陳惠芳. 好勝心帶來自信心. 少年兒童研究. 2000，12：21–22

⑳ 侯繼峰，陳自旺. 兒童少年生理特點與運動能力和訓練關係的探討. 新鄉師範高等專科學校學報，2000. Vol. 14，No. 4

㉑ 佟立純. 學校體育活動對學生競爭意識與團隊精神的影響. 首都體育學院學報，2001. Vol. 13（4）：38–41

㉒ 賴天德. 學校體育要全面貫徹「健康第一」的指導思想. 體育教學，2001，1

㉓ 楊迎天. 重視學生的心理健康. 中國學校體育，2001

㉔ 李志清. 少年兒童創造力發展的心理健康因素及其體育教育的作用. 體育科技，2001. Vol. 22（3）

㉕ 馬冠生等. 我國城市兒童少年看電視時間的研究. 中國健康教育. 2002，Vol. 18（7）：411–413

㉖ 靜進. 重視中國兒童少年心理衛生工作及相關研究. 中華兒科雜誌，2002，Vol. 140（5）：257–259

㉗ 馬冠生，胡小琪，李豔平，馬文軍. 影響我國四城市兒童少年肥胖的環境和行為因素. 中國慢性病預防與控制，2002 年 6 月第 10 卷第 3 期

㉘ 王淑玉. 漫談孩子獨立意識的培養. 當代教育科學，2003，21 期：55–56

㉙ 培養挫折容忍力. 亞洲醫藥網 http://www. sina. com. cn 2000–10–24

㉚ 郭海玲. 小學生家庭體育活動的探索. 浙江體育科學. 2001，Vol.

23（4）.63-65

31 范宏偉，劉晚玲. 21 世紀我國家庭體育發展思考. 湖北體育科技，2003. Vol. 22（1）：28-30

32 謝軍，劉明輝. 21 世紀中國家庭體育的發展趨勢與對策. 體育科學研究，1999. Vol. 3（2）：6-10

33 王宏，等. 我國家庭體育的現狀和 2000 年的發展前景〔J〕. 體育科學，1986（4）：8-12

34 周永琴. 用謙虛鑲邊智慧會更燦爛. 少年兒童研究. 1999，3：48

35 康信德. 少年足球訓練指南. 北京:金盾出版社，2002

36 李志清. 少年兒童創造力發展的心理健康因素及其體育教育的作用. 體育科技. 2001. Vol. 22. No. 3

37 中國國民體質監測系統課題組，國家體育總局科教司. 中國國民體質監測系統的研究. 北京：北京體育大學出版社，2000. 8

38 翟帆. 講述科學的家庭教育觀. 中國教育報，2002 年 5 月 19 日第 1 版

39 矯友田. 迎接苦難. 中國體育報，2003，11，8，3 版

40 Griff, Robert S. Sports in the lives of children and adolescent: success on the field and in life. USA: Greenwood Publishing Group, Inc. 1998

41 Tom Ratliffe. Children's Fitness Teaching Fitness Concepts. Teaching Elementary Physical Education. 2000, 11: 22-24

42 Curt Hinson. Teaching Creativity. Teaching Elementary Physical Education. 1998, 8: 24 -25

43 Ayan, J.Aha! New York: Crown Trade.1997

44 Lynda M.Nilges. Teaching Educational Gymnastics Feature Introduction. Teaching Elementary Physical Education.2000, 7: 6-9

45 Lynda M.Nilges and Anna H.Lathrop. Eleven Saftey Tips for Educational Gymnastics. Teaching Elementary Physical Education. 2000, 7:10

[46] Lynda M.Nilge. Teaching Balance. Teaching Elementary Physical Education. 2000, 7 : 24–27

[47] Gina V.Barton, Kim Fordyce, Kym Kirby. The Importance of the Development of Motor Skills to Child.Teaching Elementary Physical Education.1999, 7: 9–11

[48] Grube, J.J. Physical Activity and self–esteem development in children: A meta–analysis. The Academy Papers, 1995, 19:30–48

[49] Sonstroem, R.J., & Morgan, W. P. Exercise and self–esteem: Rationale and model. Medicine and Science in Sport and Exercise, 1989, 21: 329–337

[50] Peter Werner. Children., Literature and Creative Movement.Teaching Elementary Physical Education. 2000, 5: 30–31

[51] Jill L. Givler. Upper–Body Strength Training for Elementary Physical Education Class A Developmentally Appropriate （and inexpensive! ） approach.eaching Elementary Physical Education. 2000, 3:8–11

[52] Starla McCollum, Michael P. Maina, Julie Schlegel Maina, and Mike Griffin. Jump Start the heart: Teaching Children Cardiovascular Fitness.Teaching Elementary Physical Education.2004, 1:10–13

[53] Adelaide Carpenter and Deborah A.Stevens–Smith. Locomotor Skills Skip to a New Level. Teaching Elementary Physical Education. 2003, 1: 37–40

[54] Curt Hinson. Teaching Creativity. Teaching Elementary Physical Education. 1998, 8:25

[55] Curt Hinson. Building Cooperation for life. Teaching Elementary Physical Education. 1999, 1:33, 39
http://www.cmha.ca/english /coping_with_stress/what_isstress.htm, 2004–08–20

國家圖書館出版品預行編目資料

兒童益智健體遊戲 / 楊亞琴 編著
——初版，——臺北市，大展，2009〔民98.07〕
面；21公分 ——（運動遊戲；17）
ISBN 978-957-468-696-4（平裝）

1.兒童遊戲　2.兒童教育　3.運動健康

523.13　　　　　　　　　　　　　98007805

兒童益智健體遊戲　　ISBN 978-957-468-696-4

編　　著/楊亞琴
責任編輯/盧　　靜
發 行 人/蔡森明
出 版 者/大展出版社有限公司
社　　址/台北市北投區（石牌）致遠一路2段12巷1號
電　　話/（02）28236031・28236033・28233123
傳　　眞/（02）28272069
郵政劃撥/01669551
網　　址/www.dah-jaan.com.tw
E - mail / service@dah-jaan.com.tw
登 記 證/局版臺業字第2171號
承 印 者/傳興印刷有限公司
裝　　訂/建鑫裝訂有限公司
排 版 者/弘益電腦排版有限公司
授 權 者/北京人民體育出版社
初版1刷/2009年（民98年）7月

定　價/180元

大展好書　好書大展
品嘗好書　冠群可期

大展好書　好書大展
品嘗好書·　冠群可期